弹性城市

# 弹性城市
## 应对石油紧缺与气候变化

[澳]彼得·纽曼 蒂莫西·比特利 希瑟·博耶 著

王量量 韩 洁 译

中国建筑工业出版社

著作权合同登记图字：01—2011—7575号

**图书在版编目（CIP）数据**

弹性城市　应对石油紧缺与气候变化／（澳）纽曼等著；王量量等译．—北京：中国建筑工业出版社，2011，11
ISBN 978-7-112-13646-9

Ⅰ.①弹… Ⅱ.①纽…②王… Ⅲ.①城市发展战略 Ⅳ.①F291

中国版本图书馆CIP数据核字（2011）第204834号

RESILIENT CITIES: Responding to Peak Oil and Climate Change by Peter Newman,
Timothy Beatley and Heather Boyer
Copyright ©2009，Island Press
All rights reserved.
No part of this publication may be reproduced, stored in a retrieval system or transmitted in any form or by any means, electronic, mechanical, photocopying, recording or otherwise, without the prior permission in writing of all the copyright holders.
Published by arrangement with Island Press
Translation copyright©2011China Architecture & Building Press

本书由Island出版社授权我社翻译出版

责任编辑：姚丹宁　率　琦
责任设计：董建平
责任校对：肖　剑　陈晶晶

# 弹性城市
应对石油紧缺与气候变化

[澳] 彼得·纽曼　蒂莫西·比特利　希瑟·博耶　著
王量量　韩　洁　译
\*
中国建筑工业出版社出版、发行（北京西郊百万庄）
各地新华书店、建筑书店经销
北京嘉泰利德公司制版
北京建筑工业印刷厂印刷
\*
开本：880×1230 毫米　1/32　印张：6¼　字数：174千字
2012年3月第一版　2012年3月第一次印刷
定价：28.00元
ISBN 978-7-112-13646-9
　　　（21429）

**版权所有　翻印必究**
如有印装质量问题，可寄本社退换
（邮政编码 100037）

# 目 录

中文版前言　vi

译者的话　viii

前言　ix

致谢　xiv

第1章
城市的弹性：城市的恐慌与希望　1

第2章
气候变化和石油峰值危机：资源消耗密集型城市的双重打击　17

第3章
未来城市的四种发展方向：衰败、乡村化、分划和弹性城市　39

第4章
弹性城市的美好愿景：城市环境　62

第5章
弹性城市的希望：交通　97

第6章
结语：通向弹性城市的十项战略步骤　130

注释与参考文献　171
作译者简介　183

# 中文版前言

**彼得·纽曼　蒂莫西·比特利和希瑟·博耶**

我们所著的《弹性城市》一书被翻译成中文版呈献给中国的读者，对此，我们感到非常高兴。在过去的50年中，世界范围内的城市，特别是中国城市的发展速度都是史无前例的。这种城市现象本身就在考验着城市的弹性。对于很多人来说，城市如此快速地发展，尤其是中国城市的高速发展会带来某种程度的担心。这些城市将如何适应如此快速的变化？

此书的目的，就是试图将这种对于未来城市的担心和恐惧转化为对未来的希望。我们并不认为可以轻易地解决城市快速发展所带来的问题。对于所有城市而言，石油脆弱性以及降低碳排放的需求都是其所面临的巨大挑战。应对这些困难的同时，还要应对大量人口连续不断地涌入城市，这些对于中国城市来说无疑是双重挑战。

然而，我们坚信这些困难是可以迎刃而解的。中国城市的快速发展也提供了很多机会，可以让这些城市建造新型的绿色基础设施以及绿色建筑，这些新的基础设施和建筑将可能超越世界发达工业化城市的现有水平。在过去几年中，中国已经发生了很多创新变革，比如已经在中国城市中建成的84个地铁项目、高速城际列车和22个生态城市发展规划，这些都显示了中国在这方面正处于世界领先地位。

我们的书中强调，在世界范围内很多城市都出现了成为弹性城市或是可持续发展城市的迹象。这本书中关于中国和印度的案例比较少，而这两个国家的人口却占世界的一半。这一点是比较遗憾的，我们请读者原谅，因为我们主要关注的是发达国家，从人均的角度讲，这些国家仍在制造世界上绝大多数的生态足迹。

我们明确地意识到，21世纪下一个阶段的发展将由中国和印度主宰。彼得近日刚刚访问了印度和东南亚的几座城市，并且已经开始收集发展中国家经济发展中涌现出来的让人充满希望的案例。我们很乐于倾听中国城市的读者讲述他们自己的经历和故事，因为这个世界需要更多地了解中国。

我们希望您能从本书中找到启示。

# 译者的话

新的国际形势对城市提出了新的要求。石油产量减少、油价飙升、全球变暖、极端气候灾害频繁等都成为21世纪城市发展所要面对的巨大挑战。纽曼先生一直致力于研究城市如何降低对石油等传统能源的依赖性，降低城市发展对环境的破坏。这本书便是他和另外两名作者最新的研究成果，其目的是指导城市的发展和建设，引导城市朝着更加可持续的方向发展，让城市适应新时代的要求。

"弹性城市"便是一个能够适应未来挑战的城市模型。"弹性"一词在这本书内是一个引申的含义，代表了城市适应新环境、新形势，并且能够调节自身发展模式的一种能力。"弹性城市"的概念可以理解为城市的发展更加可持续、可调节，能够迅速调整自身的发展方向和模式，能够适应资源枯竭和气候变化等问题，并且强调通过规划建设绿色基础设施、发展绿色新能源、提倡低碳环保的生活方式等方式来降低城市对自然资源的依赖和对环境的破坏。

在此，向对本书翻译工作给予指导和帮助的各位学者表示诚挚的感谢，他们是本书作者彼得·纽曼先生、中国建筑工业出版社率琦和姚丹宁编辑、厦门大学镇列评教授、厦门大学和英国卡迪夫大学联合培养研究生林琳、吴扬同学和华南理工大学建筑系研究生吴思慧同学等。由于译者能力有限，翻译过程中难免有纰漏，还望各位读者指正。

王量量　韩洁
2010年3月12日

# 前 言

## 我是如何开始关注石油峰值和气候变化问题的？
彼得·纽曼（Peter Newman）

我对石油峰值和气候变化问题的关注可以追溯到1973年的第一次石油危机，当时我是美国加利福尼亚斯坦福大学的一名博士后。那是第一次有一种外力强加到了汽油供应链上。由石油输出国组织OPEC引起的石油供应的缩减在社会中引起了真正恐慌：一时间人们足不出户，抑或花数个小时排起长队加油。与此同时，社会混乱的状况开始出现：有些人开始盗窃燃料；而且社会上开始流传一个谣言，认为贪婪的石油公司将石油都存储在一个巨大山洞里面；另一方面，人们又不断地指责是环境保护者造成了这次石油供应的缩减。一个城市就这样突然间陷入如此恐慌的状态中，这一点给我留下了深刻的印象，至今难以忘怀。这场石油危机似乎使这座城市一下子瘫痪了，并且还导致人们的种种超乎平常想象的异常行为方式。

斯坦福大学迅速开设了一门关于能源问题的课程，课上，时年70岁的M·金·哈伯特（M. King Hubbert），幸灾乐祸地指出他早在1956年就已经预测到这场危机。他指出，尽管1973年的这次危机很艰难，但是真正的考验却会出现在21世纪初，届时全球石油产量将到达顶峰。M·金·哈伯特认为这将是我们以石油为基础的文明所遇到的最大的挑战。石油危机将使一切变得混乱，社会开始动荡。虽然那时我们都已经开始慢慢了解气候变化问题，但是它产生的影响却似乎是长期的。这些挑战使我们意识到，减少化石燃料的使用是我们迟早要面对的一个议题，尤其对于我们的城市而言。

从过去的30年前开始，我就一直试图唤醒大家对石油峰值问题的认识,并帮助我们的城市和乡村地区做好迎接挑战的准备。而直到2005年,当澳大利亚广播公司将石油峰值危机问题拍成一部宣传片时(见ABC Catalyst-Real Oil Crisis-The Peak Oil Debate。——译者注),才是我第一次在澳大利亚看到这样的媒体故事,除此之外,我仅仅在珀斯的报纸文章中看到少量相关的内容(我有许多同事居住在澳大利亚其他城市,他们说提及"石油峰值"问题的文章绝对不会被悉尼和墨尔本的报纸刊登)。这个电视节目反响强烈,我收到了大量的电子邮件,其中有一个男士在邮件里说,作为一个受过教育的人,他从来没有听说过石油峰值这个问题,他对此表示非常惊讶。起初他认为这是一个被夸大的问题,所以他在网站上查阅信息,却发现大量的相关资料,使他相信我们的判断是正确的。

在过去的30年间,我作为民选议员或者成为政治家的顾问,一直和政治打交道。弹性对于政治家而言意味着获得连任;对我而言,弹性意味着通过对这些长期潜在的问题,例如石油峰值和气候变化等问题做好准备工作,从而可以确保城市,比如我自己的城市——珀斯,可以有机会获得更美好的未来。而我所探寻的是如何同时实现这两种弹性,并更进一步将这两种弹性融合为一体。

我所取得的主要成就是推动了电动铁路系统的建设和实施,对我而言,电动铁路系统不仅仅作为使城市摆脱石油依赖并运转良好的方式,更是作为一种市场为导向的手段,通过其导向作用重组城市的土地利用模式,减少城市对汽车的依赖性。几乎所有的电动铁路系统似乎都给城市带来了一种充满希望的感觉,这一点也得到了政治家们的青睐,并多次为他们在建设铁道交通的决策上赢得了选举。

同时,我也知道只要当政治家们基于恐慌做出决定时,结果往往是令他们懊悔万分的。民意测验和政治建议可能会暗示政治家们一个发展方向来安抚那些散布恐慌言论的人,但是以更深层次的角度思考这个问题,他们也许知道这个方向不是正确的,也不可能持久。因此,我才渐渐认识到,城市的弹性是建立在希望的基础上的,而非恐惧的基础上。同时我也认识到我们能否应对石油峰值和气候变化等问题将取决于在我们的城市中占主导地位的是基于希望的政治决策还是基于恐惧的政治决策。这本书总结了我对该问题的认识过程。

## 我又是怎样关注石油峰值和气候变化问题的？
### 蒂莫西·比特利（Tim Beatley）

作为一个当时刚拿到驾驶执照的青年司机，我亲身经历了上世纪70年代初的那场给我留下深刻印象的石油危机。从小在对汽车过分依赖的美国社会中长大，我知道驾驶执照等同于一个少年期待已久的自由和独立。在加油站前突然（我年少的心灵无法理解）出现的等待耗时数小时（数公里长）的加油长队，使我的驾车飞驰之梦在其开始前便得到终结。我用了相当一段时间才重新发现，没有汽车，生活完全依靠步行时也可以良好地运转。但是有一个概念深刻地显露出来，即我曾经假设取之不尽用之不竭的一些事物可能真的是有限的，而且排在加油站前的长队，以及随之而来的种种紊乱和焦虑，至今清晰地印在我青春年少时的记忆中。

这些事件帮助我形成一种感觉，那就是有必要减少对石油的依赖，减少对任何一种单一资源的依赖，尤其是对于一个给环境和社会带来如此巨大代价的资源。

许多年以后，在荷兰生活的机会使我再度觉醒并认识到在生活中没有汽车的优点和可能性，以及以步行、自行车和公共交通为基础的生活方式的多种可能性。我的大部分专业和学术领域都致力于研究如何用创造性的方法来规划和设计高度宜居的城市环境，规划和设计更少的对汽车（和石油）依赖性；以及致力于创造性的场所规划和设计，使其能够迅速加强人与人之间的联系和城市通达性，并且加强人与其赖以生存的自然生态和景观系统间的联系。当然，我们经常犯错误，我对沿海政策和环境规划上的研究显示出，我们对待自然生态系统时所持有的自大和草率的态度是危险的,而且我们没有理解城市和自然系统间深奥的相互联系(我们对待城市还能够继续像新奥尔良(New Orleans)那样,填充沿海湿地,改造自然河道网络,进而改变地球的气候,而难道城市最终不会付出任何惨重的代价吗?)。我也有幸研究并分析了一些对石油峰值和气候变化问题已经开始有正确认识的城市案例,例如伦敦,纽约和斯德哥尔摩,这些城市终于认识到正面应对气候变化在实践上和伦理上的必要性,逐步采取措施解除城市对化石燃料的依赖,并在此过程中为城市塑造充满希望和真正令人振奋的未来。

20多年来,我有幸一直从事城市规划教学工作,而我所教授的形式是将对当地的热爱和全球责任感融合在一起统一考虑的一种城市规划形式。石油峰值和气候变化问题给规划领域带来了一个前所未有的机会,使其能够帮助城市塑造一个更加可持续的、健康和公平的未来。对于规划者而言,这些无疑是富有挑战的,但是让人大有作为的机遇更是前所未有的。

## 还有我……?
## 希瑟 · 博耶 (Heather Boyer)

贯穿全书的主题是恐惧与希望,这些在我编辑的书中一直有所讨论,书中认真地讲述了如果我们继续目前的发展模式所带来的种种危险,然后为我们提供如何能创造一个宜居且可持续并有高度弹性的社会方案,最好的实践方法,以及案例。对美国威斯康星州的格林贝(Green Bay),明尼苏达州的明尼阿波利斯－圣保罗,华盛顿特区,科罗拉多州的博尔德(Boulder),马萨诸塞州的剑桥,以及纽约布鲁克林等地的考察,使我感受到了许多不同类型的城市生活。其中,博尔德简直就是一个美丽动人的绿洲,被看做是最为可持续的城市。但是,一旦人们离开城市内部绿色地带的自行车道(即使下雪后,也会立刻铲除积雪保持交通畅通),去大多数的地方就必须依赖汽车（或者就是和汽车同样行驶在公路上的公共汽车）。而在科罗拉多州，随着覆盖整个丹佛地区新的交通系统的建立（并且规划了公交导向发展模式 TODs），未来是充满希望的，非常值得期待的。

从科罗拉多州我去了马萨诸塞州的剑桥，作为"罗博学者"在那里学习了一年设计和发展。虽然这是一个令人难以置信的机会(回到一个真正有铁路系统的地方是多么令人兴奋)，但是我还是不禁对其课程缺乏综合性、整体性及学科合作而感到失望，甚至在规划设计，房地产开发以及经济适用住房的课程中都没有提及可持续发展问题。那么像我一样的下一代的规划设计者和房地产开发者都在学些什么呢？我发现这种改变不仅出现在大多数设计院校的课程设置上，而且在很多倡议中，例如"建筑2030"（减能宣言）和"高等院校校长气候变化协议"。建筑规划院校不仅仅改变了教授规划设计的方法，而且他们还通过展示如何翻新校园内设施以降低其对环境的冲击和影响来进行实验教学。

一直以来，我对于我们的城市及其周边自然区域的未来感到担心，但是最近人们意识到气候变化并且积极倡导绿色城市的行为使我看到成功的希望。然而，这些城市只有积极提供绿色交通空间，倡导市民步行，骑自行车及乘坐公交，并提供良好的公共空间促进市民进行社会交往，他们才能成为真正意义上的绿色城市。我担心，使城市变得真正可持续和弹性化所必需的改变，例如更大力度的提供公共交通运输，很难在短期内得以全面实现。但是我仍欣慰地看到改变已经开始了。在我自己生活的城市纽约，我发现自行车道和人行道的基础设施已经开始改善（尽管实施交通拥挤收费会成为一个挑战）。我看到在明尼阿波利斯建设轻轨交通的成功。我看到在我的家乡威斯康星，"轨道交通—步行道"相结合的交通工程正在被人们大量使用。对于白宫行政部门努力推广联邦城市政策这件事情，尽管我不了解，我仍然对这样的改变抱有希望。

# 致 谢

这本书酝酿已久。正如在前言所描述，蒂莫西和彼得早在20世纪70年代便开始注意到城市所面临的一个新兴的问题及其对石油的依赖性。在对这个问题的关注上我们并不孤单，而且在把我们的恐惧和希望写成这本书的过程中，我们得到了很多帮助。

家庭对我们所有人而言一直是至关重要的，因为我们在城市中的生活主要是在我们的家庭中度过的。我们每一个人都欠父母、伴侣，还有孩子一份人情，当我们在努力降低我们的环境足迹进而改善我们的城市生活方式时，他们一直在默默地帮助和支持着我们。我们尤其要感谢 Jan、Sam、Anneke、Carolena、Jadie、Doug、Barb 和 Bob（他在威斯康星常年骑自行车，为大家树立榜样）。

我们生活的社区为我们提供了工作的环境。弗里曼特尔、夏洛茨维尔、博尔德和纽约（Fremantle, Charlottesville, Boulder, and New York）都分别为我们提供了机会去实践我们的政策，通过实践，我们也从中认识到让人们对一个更加具有弹性的城市抱有希望是多么的艰难。我们还考察过其他许多城市，这些城市也为我们的这本书提供了许多灵感。

很多机构为我们能够坚持自己的观点提供了支持。默多克大学，科廷大学，弗吉尼亚大学和哈佛大学都为我们提供过宝贵的机会，使我们可以进行针对弹性城市的研究和教学工作。澳大利亚—美国富布赖特奖学金委员会为彼得提供了高等奖学金来完成这本书，弗吉尼亚大学的建筑学院为哈里W·波特（Harry W. Porter）提供了客座教授的职位，这些都帮助确保本书能够顺利完成。

另外，还要特别感谢那些在不同时期为此书作出贡献的同事，他们包括：杰夫·肯沃西（Jeff Kenworthy）、安东尼·佩尔（Anthony Perl）、兰迪·萨尔兹曼（Randy Salzman）和珍妮·利特卡（Jeanne Liedtka）。

# 第 1 章
# 城市的弹性：城市的恐慌与希望

> 看看你周围的世界，它好像是一个不可移动而又无情的地方。
> 实则不然，只要你找准着力点轻轻一推——它就可以瞬间倾覆。
> ——马尔科姆·格拉德威尔（Malcolm Gladwell），《引爆流行》

弹性对于我们个人来说意味着持久，意味着如何顺利度过危难关头，意味着强壮有力的体魄。这种弹性会被恐惧感所摧毁，它可以令我们恐慌，让我们失去自我解决问题的能力，使我们虚弱。所以说，弹性是建立在希望基础上的，希望能够给我们信心和力量。这里所说的希望并非指忽略潜在的不好的可能性，而是我们面对挑战所做出的选择。可以说希望是我们身心健康的基础。

这种弹性也可以应用到城市上。和人类一样，城市也要持久，也要面对危机。每个城市都会选择一种方式去成长，这也造就了世界上千变万化的城市类型。无论如何，城市也像人类一样需要一种来自内部的力量和解决问题的能力。与此同时，完善的基础设施和城市环境也像人类强壮的身体一样至关重要。

恐惧暗中破坏着城市的弹性。历史上很多城市要么濒临崩溃，要么彻底崩溃，究其根源都是恐惧感在作祟。瘟疫、黄热病等传染病曾经击垮了无数城市，贵族们携带着一切可以带走的资源逃离，城市中唯一仅存的是穷苦的老百姓。侵略者在攻打城市之前，也同样首先散播恐怖气氛。在美国，种族矛盾所带来的巨大恐惧感让数百万的市民逃离市区，搬进了市郊或者离市中心更远的地方。也许目前在很多城市中最大的恐惧感来自恐怖活动。纽约"9·11事件"过后，人们害怕在街上聚集，害怕使用地铁，也迫使更多的家庭住进了郊区。但是，事实证明纽约并没有崩溃，她是有一定的弹性的。

同样,在一场恐怖炸弹袭击伦敦之后,整个城市迅速从中恢复过来,人们坚持去上班并使用地铁;瞬间,"七百万伦敦人,一个伦敦"的标语挂满了城市各个角落。

很少人会从中直接联想到我们的大都市所面临的毁灭性威胁其实来自于资源枯竭,换句话说就是石油的存量正在不断下降,同时为了降低人类对气候变化的影响我们也不得不减少化石燃料的使用。这本书并不是要讲述一种新的恐惧,而是致力于分析我们未来城市的发展方向并且试图逐步找到一种途径使得我们的城市在面对石油产量下降和气候变化等困境的时候,弹性会更强。一些城市在其成长过程中,在面对未来时充满了希望;另外一些城市则在其衰退的过程中表现出无穷的恐惧,并且饱受着绝望与疑惑带来的痛苦。而大多数城市则是两者兼而有之。例如,亚特兰大市是美国交通拥堵最糟糕(2005年,每个出行者的平均堵车时间是60个小时)且扩张最快的城市之一。虽然很多区域由于次贷危机的影响而被放弃,但是亚特兰大的市中心却在不断地更新,很多原先被遗弃了几十年的老区被改造而又重新获得了生机。[1]

亚特兰大市曾被称为小洛杉矶,因为它们在高速公路的建设和过度依赖汽车方面很相似,但是洛杉矶市的人均碳排放(来自交通和居住建筑方面的)却是非常低的,在美国仅排在第二位,而亚特兰大排在第六十七位。[2] 当然,在这个对碳排放限制越来越严格的时代,每个城市都希望比这两个城市使用的燃料更少而且碳排放更低。

恐惧城市是基于短期的甚至有时候是恐慌状态下的反应;而希望城市所做的则是长远计划,每一个决定都是出于对未来的展望,他们所采取的某些步骤引领着我们迈向本质巨变。恐惧城市都是被迫地参与到城市间的竞争中,而希望城市之间则在合作与共同发展问题上有着一致的意愿。恐惧城市感觉到处都是威胁,而希望城市则把每次危急都看做是提升自己的机遇。

这本书主要关注大城市如何降低碳足迹和对化石燃料的依赖,以及降低对我们独一无二的大自然的破坏等。贾里德·戴蒙

洛杉矶的交通状况。

尽管洛杉矶市历史上是一个过度依赖汽车的城市，但是在2008年布鲁克林研究所（Brookings Institution）做出的一份研究表明，洛杉矶市在美国碳排放最少的城市排名中，排名第二位。但是在这个问题上，我们需要把洛杉矶市置于全球范围内去，和其他国家的大城市去比较才更有说服力（见 www.brookings.edu 的 Brown, Southworth 和 Sarzynski 的报告）。
（供图：iStockphoto.com）

德（Jared Diamond）所著的《大崩坏——人类社会的明天》一书中讲述了一些早期的城镇和区域由于破坏了他们赖以生存的自然环境，自身又不能适应这种变化而难逃衰落的厄运。这些社会都有一个共同点，那就是他们对未来都充满了极大的恐惧感而无法自拔。同时，戴蒙德也列举出一些社会现象虽然面对同样的压力却能够调节自身以适应新的变化。他们将之转化为市民的希望。[3]

戴蒙德还指出气候变化和资源枯竭是如何威胁到我们的城市和区域发展的。这些现象虽然并不明显，但是却足以破坏城市的发展。这本书深入地讨论了这样的城市是如何衰退的，但是本书的重点是我们的城市如何应对这些变化，如何找到一种方法使得我们的城市在面对未来的时候适应能力更强，这种方法必须在经济层面和社会层面上具有可行性。

本书将石油峰值理论和气候变化作为重点来讨论，我们必须做出调整以应对这个难题。本书描述了在某些敏感地区，由于其存量或者政治限制等原因，石油的产量达到或者已经非常接近峰值。实际上，我们必须调整我们的城市，降低我们对于石油的依赖。这可不是一个简单的任务，在20世纪，世界上所有城市的石油消耗都在逐年增长，将这个趋势扭转过来却非易事。全球性的管理组织已经意识到气候变化以及城市对气候的影响，而且出现了一些运动倡议城市应逐年降低化石燃料的使用。

没有人会认为单独依靠领先技术就能够建设出弹性城市，这项任务必将我们的文化、经济以及生活方式等方方面面都包括在内。这是城市中的人们面对这些挑战的最终考验。

认识到我们目前的生活方式是多么重要之后，我们的应对策略就不应该基于对衰退的恐惧，而是要对我们的城市充满希望，希望城市会变成适宜居住的、平等和谐、弹性强的都市。我们这本书所讲的就是这种希望。

**为何关注城市？**

城市在廉价石油时代成长得如此之快，以至于目前城市消耗着世界上75%的能量并且释放着80%的温室气体。[4] 世界范围内，城市目前平均以每年2%的速度扩张（在欠发达地区以超过每年3%的速度增长，相对发达地区则是每年递增0.7%），同时农村地区则相对稳定，有些地方甚至已经开始减少。人类历史第一次，世界上半数人口生活在城市中，而且据估计到2030年，城市人口的数量将达到50亿，大约占世界人口的60%。[5]

从新石器时代开始，人们能够生产出多余的食物时出现了社会分工，城市化就开始了。在城市中，人类的聪明才智才真正得到了解放，他们开始了技术创新，开始了贸易活动和城市文化活动，也创造出空前的发展机会。然而，一些城市把握住了这些机会，那些没有把握住发展契机的只是比农村的集市稍大些罢了。到了工业革命时期和当前的经济全球化时代，城市有了飞跃式的发展。同样的，不是每个城市都能从这些发展契机中占得先机,一些城市比如利物浦、费城和匹兹堡都因为长期依赖过时的以工业生产为主的模式作为城市基础,而很难适应新时代对城市发展的要求。但是另外一些城市却能够适应时代潮流,成功地蜕变并繁荣下来,比如纽约和曼彻斯特。

彼得·霍尔(Peter Hall)研究了为什么一些城市能够相对较快地完成这些变化,他认为,改革创新的决心来自于城市文化的核心。罗伯特·弗里德尔(Robert Friedel)称之为"改良文化",刘易斯·芒福德(Lewis Mumford)称之为"全民的杰作"就像是城市的本能,而蒂姆·戈林奇(Tim Gorringe)则将其称作"创造精神"。[6] 不管我们如何称呼它,这种改革创新的能力是我们编制未来希望的基础,是弹性城市的核心。

克服改变带来的恐惧就必须采用绿色城市主义中的改革与创新,就像城市寻找各种方式更新自身以适应城市文化。哪个城市能够抓住全球可持续发展趋势中的新机遇?我们应该重新思考一下我们如何建造我们的城市环境,这对于降低对石油的依赖和减少我们的碳足迹是非常重要的。全球范围内,建筑业释放了43%的二氧化碳,并且消耗了48%的能量。根据预测,到了2030年,如果60%的城市增长采用紧缩方式的话,美国可以减少8500万吨的二氧化碳排放。[7] 在应对石油峰值和气候变化等全球性问题的时候,我们相信变革应该首先来自于城市。虽然中央政府在这个问题上有很大的影响力,但是真正的改革和创新必须在城市层面试行。因为就算在一个国家内,城市与城市之间还是存在着巨大的差异。在城市中既可以找到英明的领导层也存在着巨大的革新力量。例如,虽然美国联邦政府还没有接受《京都议定书》,但是超过825位美国市长共同签署了美国市长气候保护协定(U.S. Mayors Climate Protection Agreement),这些市长承诺他们的城市会满足《京都议定书》的要求。这项倡议是由西雅图市市长格雷格·尼克尔斯(Greg Nickels)发起的,这些大小不一的具有前瞻性的城市组成了一个城市网络，其目的在于通过他们的领导和行动来达到《京都议定书》的要求。同样的，通过C40大城市气候领导小组（C40 Large Cities Climate Leadership Group），一个由全球性大城市组成的应对气候变化的合作组织，克林顿基金会（Clinton Foundation）也在努力协助国际上的大城市降低其温室气体排放。[8]

我们这本书讲述了世界上很多拥有希望的城市故事，以展示他们的领先意识，不论是来自政府、企业、大专院校或者是社区组织。虽然大部分重点是放在美国城市因为他们的问题更加突出，但是也有很多案例是世界上其他国家的。

## 什么是弹性城市？

2005年卡特里娜飓风摧毁了美国墨西哥湾沿岸的很多城市，2004年的印度洋海啸严重影响了11个国家，还有2008年缅甸的暴风，这一系列事件都使得弹性城市成为人们谈论城市抵抗自然灾害能力时的焦点。这里我们扩展了弹性城市的含义，其中也包括了城市如何应对自然资源短缺以及如何处理人类对气候变化的影响。当然气候变化和自然灾害也是不无关系的，科学家在研究与日俱增的破坏力巨大的自然灾害，比如摧毁了新奥尔良和缅甸的超级飓风的过程中不断发现两者之间的紧密联系。[9]

我们关注弹性城市采用何种方法来切实降低它们对于石油燃料的依赖，当然这些方法必须是不阻碍经济和社会发展的。不论我们建设弹性城市的目的如何，不论是为了抵抗自然灾害还是人为灾害，其结果是基本相同的。弹性城市拥有内在机制可以适应各种变化，比如城市交通体系和土地利用的多样化，再比如多种形式的可再生能源可以使城市在石油供给短缺的条件下维持发展。[10]

布赖恩·沃克（Brian Walker），戴维·索尔特（David Salt）和沃尔特·里德（Walter Reid）曾在学术界提出了"弹性思考"的观点，他们提出了一种管理方式来管理生态系统，比如珊瑚礁、农业系统以及各种各样复杂的包含了社会、经济和生态的系统。这种弹性原则很适应城市。他们写道，"弹性是一个系统消除干扰保持其基本结构和功能的能力。"塔巴塔·沃林顿(Tabatha Wallington)，理查德·霍布斯(Richard Hobbes)和休·穆尔(Sue Moore)说过，生态弹性"可以通过测量其可容忍的干扰因素的大小来计算出来"。这本书试图将这个概念应用到复杂的，包含了社会、经济和生态的城市系统中。[11]

新奥尔良在抵抗卡特里娜带来的狂风巨浪时显得力不从心，主要原因是由于墨西哥湾沿岸的湿地和红树林不断减少，加之堤岸基础设施不足，这些使得新奥尔良市的抗灾能力有所减弱。但是更为主要的是人为原因，由于当地的公交设施严重匮乏，导致那些没有汽车的人（大约占总人口的三分之一）甚至没办法转移，而高速公路也显得车满为患。事先也没有安排利用校车或者其他交通工具来疏散居民，所以本来可以用以防灾的资源都被第一波洪水冲走了。城市的交通运输系统没有一点弹性并且也破坏了城市的其他系统，最终也迅速导致了社会的恐慌。

在一个弹性城市中，城市开发和再开发的每一步都必须做到可持续发展：这就要求城市可以降低自己的生态足迹（即所消耗的土地、水资源、材料和能量，特别是石油，这对于经济发展是相当重要的，当然还包括城市释放的废弃物），同时还要提高生活质量（环境、健康，住宅，就业，社区建设等），这样城市可以更好地融入当地，整个区域，甚至是全球的生态系统中。弹性原则需要适应到城市所依赖的各个自然资源中。[12]

在弹性思考理论中，城市的发展越是可持续，其适应资源紧缺的能力就越强。可持续发展理论认为城市的周边、整个区域以及全球的生态系统都是有一定极限的，一旦城市打破了这个极限，那么这个城市必然会迅速地衰落。城市要想变得更加有弹性，就必须尽可能地减少对特定资源的依赖，比如化石燃料，其产量会在某个时间受到全球性的限制，有时候也会供不应求。亚特兰大平均每个市民每年要消耗782加仑的汽油来维持城市的正常运转，而巴塞罗那只需64加仑。如果石油的产量下降或者对碳排放征收税款的话，石油紧缺将会严重影响亚特兰大的发展，相比之下，对巴塞罗那来说就相对比较容易了。当然，两个城市都需要制定出相关规划来帮助他们的市民应对类似的问题。[13]

## 为什么要发展成为弹性城市？

城市的弹性可以简单地理解为为什么我们要在城市区域降低对石油的消耗。

- 减少石油使用是政治上必需的。石油资源已经拉响了枯竭的警报，加上本书中重点讨论的气候变化，这些都要求城市要采取行动。如果城市对此置之不理，那么它们的市民就要遭受石油涨价带来的痛苦，就像当前的美国。石油价格已经突破了每桶100美元，一些分析家认为在未来的5年内石油价格会超过每桶300美元。[14]
- 减少石油的使用可以降低对环境的破坏。石油的使用造成了全球大约三分之一的温室气体排放。交通运输的温室气体排放是气候变化问题上最令人担心的一部分，虽然效率更高的可再生能源已经可以替代石油，但是石油的使用量一直在增长。
- 降低石油消耗并投资绿色建筑可以减少对人类健康的危害。在城市拥有大批私家车行驶在路面上的时候，无论我们利用多么先进的科学技术来提高城市的空气质量，其成果都会显得微不足道。在美国，有39个区域的空气质量是不达标的（大约占40%）。由于大部分发展中城市的空气质量中的有害气体远远高于世界卫生组织所要求的，所以它们更

新奥尔良市是遭受气候变化引发的自然灾害并被之摧毁的第一批现代城市当中的一个案例。城市需要重新建设市政基础设施和自然系统，同时这个复原计划必须将没有汽车的穷人考虑在内。[ 供图：iStockphoto.com（上图）；蒂莫西·比特利（下图）]

应该降低有害气体的排放。[15] 其他的健康问题，比如缺乏活动而导致的过度肥胖、压力过大、精神抑郁等都可以通过减少使用汽车而得到缓解。

社区重建——人性音乐家的乐园。(见www.resilientcitiesbook.org)(供图：彼得·纽曼)

在美国，建筑业的能源消耗约占全部能源的36%，排放出的温室气体占全部的30%。建筑内部采用自然光线，不只是可以节约能源、减少温室气体排放、降低对气候的不良影响。与此同时，研究发现使用自然光线可以提高工作效率并且让工作者远离疾病。在绿色建筑中工作的人员很少有生病的状况，其工作效率也相对较高。在使用绿色建筑的学校里，学生的学习成绩也有所提高。[16] 绿色建筑如今如此吸引投资者和开发商的注意，并不只是它们可以降低能耗，更主要的是因为越来越多的购房者和租房者都希望有一个更加健康的环境来生活、学习和工作。燃烧垃圾废物引起的城市热岛效应也是城市要面对的一个主要问题。举例来说，在一场可以说是极端的夏季热浪过后，芝加哥市市长戴利（Daley）意识到城市热岛效应的危害后宣布芝加哥市将向绿色城市转型。

- 减少石油使用可以促进社会公平和经济增长。在主要依赖私家车运转的城市，对于老人、年轻人和穷人来说是非常不公平的，这种不公平性可以通过提升公共交通、增加步行系统得到改善。一些其他的社会问题,比如城市噪声、邻里关系淡漠,路面的混乱以及公共安全没有保障等问题都可以因减少汽车的使用而得到缓解。与此同时,由于高速公路的扩张,高产田被柏油路所替代而带来的经济损失,汽车交通事故、交通拥堵、空气污染等问题导致的经济损失也都会因此而有所减少。[17]

- 降低我们对于石油燃料的依赖性,可以降低我们经济上的脆弱性。下一阶段的全球经济发展,也就是通常被称为"第六波"经济模式(详见第 2 章),其主要特征是发展新的技术和服务以获得更加精明的能源使用方式。城市将在这个新的模式下,完善自己的经济结构。那些首先完成经济转型的城市将在未来的经济发展中占得先机。不同的城市,或者同一个城市的不同部分,各个家庭之间也面临着同样的经济重组竞赛。比如在美国,交通运输支出在家庭总消费的比例在 20 世纪 60 年代为 10%,到 2005 年,也就是 2006 年油价大幅上涨之前这个比例增长到 19%(油价上涨之后,这个比例也只是降低到了 18%)。在一些依赖私家车比较严重的城市,比如休斯敦和底特律,这个比例会更高一些。住房政策中心一份更详细的研究表明,年收入在 2 万美元到 5 万美元之间的工薪阶层在交通上的花费大约占总收入的 30%。在亚特兰大,同样的工薪阶层的交通费支出占到了总收入的 32%,而那些住在城市边缘房价稍低地区的家庭,交通费占到了总收入的 40% 左右。在澳大利亚的一份调查也显示那些住在城市边缘地区的家庭要花费家庭收入的 40% 用于交通运输。对于过度依赖私家车的家庭来说,他们面对油价上涨显得手足无措,特别是 2007 年油价上涨到每桶 100 美元以后(在本书出版的时候,汽油的价格是每桶 139 美元)。油价上涨和次贷危机同时出现,对于很多家庭来说简直是祸不单行。某些城市和城市中的某些地区在面对石油价格大幅上涨的状况下，其经济形势已经岌岌可危了。[18]
- 减少石油进口可以在很大程度上使城市变得更具适应能力，更加和平。城市如果能降低对进口石油的依赖，特别是从那些政治敏感地区进口石油，那么它将提高自身的能源安全性。发动恐怖主义和战争可以有很多理由，但是隐藏在这些理由下面的一个更深层次的问题是，那些高石油消耗国需要确保其从国外进口石油的渠道，他们已经不在乎这些石油产地是敌是友了。随着石油资源越来越紧缺，这种供应的安全性问题将会变成地缘政治的核心。恐惧感可能会驱使我们不择手段地保障石油供应，而这些都是非常不利于我们建设弹性城市的。所以，抛开所有的争论，事实是我们必须减少石油消耗——这样没准可能减少战争。

更为重要的是我们认为弹性城市是一个更加适宜居住的地方。弹性城市不论在物质层面还是精神层面都有很多优点。例如，在这种高密度混合使用多功能社区中，公交体系和步行系统更加完善，居民的交通出行会变得很容易；它还能提供本地产的食物，会更加新鲜；它的能源使用也是非常高效的，这使得室内环境更加健康，同时人们也无需缴纳高额的能源费用；它可以让居民更加容易地接近自然，也更加关注城市和周边生态区域的关系，这也可以使居民拥有更强烈认同感和归属感。还有很多优势是没办法用量化的手段来分析的，不论怎样，本书将向读者提供真正面向未来的发展机遇。[19]

目前还没有任何城市发展模型可以验证在石油紧缺的年代弹性城市将是城市发展的正确方向。迄今为止，大多数城市都已经有自己应对人口增长的战略规划，也有越来越多的城市在保护环境的呼声中应运而生了可持续发展的规划。例如，作为以后30年的发展目标，澳大利亚所有的城市都有各个专项的研究型规划。然而虽然说各级政府都意识到了要降低对私有汽车的依赖和减少汽油的消

城市的弹性 13

纽约市在"9·11事件"之后变得更加弹性化。在恐怖袭击的场地上,计划在2009年(现在推迟到2013年)建成的自由塔(Freedom Tower)是一座绿色节能建筑,安装了风力发电装置和太阳能电池板。(由SOM事务所设计)

耗,但是他们并没有采取比较强硬的措施来阻止这种高石油消耗的行为。即使有些城市意识到城市扩张问题将进一步恶化,资源将进一步紧缺的时候,政府部门也并没有出台任何强制措施。纽约市也存在着同样的问题。2007年地球日,纽约市长布隆伯格(Bloomberg)发表了一份雄心勃勃的未来25年规划,要将纽约变成一个更加绿色环保型城市。这份规划中说道,到2030年至少要降低30%的温室气体排放。虽然这份文件的出台会给开发商带来一定的压力,因为规划要求他们必须提供对其项目的分析报告用以评估该项目对气候变化产生的影响,否则这个项目无法通过相关部门的审批(纽约市79%的温室气体来自于建筑业)。但是,除此之外,这个规划中并没有阐述详细的步骤,没有清晰地表明如何达到降低温室气体排放的目标。[20]

只有少数城市通过改善城市交通系统来降低对石油的依赖。旧金山在2006年4月通过了一份决议表达了其解决石油峰值问题的决心，另有 14 个美国城市也随即做出了相同的决定。但是目前还没有哪个城市提供降低汽油消耗的详细规划。得克萨斯州的奥斯汀市在 2008 年通过了气候保护规划（Climate Protection Plan），其中有很多新措施新举措，但是可惜的是这份规划仍没有针对城市交通改革的相应条款。还有些城市在节约能源消耗和降低石油依赖型的问题上，出台了相应的规划方案。加拿大安大略省的哈密尔顿市（Hamilton）便是其中之一，它推出的一份能源战略规划中包括了如何提升清洁可再生能源，比如风能、太阳能及水力发电等，但是规划中并没有将汽油列入需要节约的能源之中。[21]

必然的，城市不能与其腹地或者说周边的生态区域区分开来。虽然农村地区的人口正在逐步降低，最好的也只是保持不变（这其中不包括某些富裕国家的城市居民迁移到滨海地区），但是农村地区对石油的依赖却越来越强。农村经济在廉价石油时代有了长足的发展，比如农业、旅游业和采矿业。其中旅游业的运作很大程度上需要汽油，在农业和矿业中，物流运输、机器化生产和加工过程等都需要柴油作为燃料，有时候还要依赖以石油为原料的化学产品（特别是农业中的化肥）。食品供给也需要长途的物流运输，比如美国每顿饭平均要从产地运输 1300～2000 英里才能到美国人的餐桌上。[22]

虽然这本书主要是针对城市问题的，一些城市周边的农村区域所面临的涉及"弹性"问题也在本书讨论的范围之内。比如，在石油短缺的时候，农村的农业生产将会怎样发展？城市和其周边的区域如何协调发展？这些问题我们从何入手解决？

虽然环境学者已经指出目前的能源使用方式存在着很大的缺陷，但是很多人也批评他们并没有提出解决问题的办法，没有提出积极的让人信服的替代产品。迈克尔·谢伦伯格（Michael Shellenberger）和特德·诺豪斯（Ted Norhaus）提出了"环境保护主义已死"的口号。这从某个角度指出了一个真理，那就是批评现实比起提出切实可行的改进措施要容易得多。在面对这个全球化的问题时,提出有建设性的意见则更加困难。然而,这本书将向我们展示如何应对石油峰值和气候变化这一对问题。[23]

## 弹性城市是什么样子的?

如果我们忽略刚性需求而只是单纯地削减石油使用,世界上的城市将会怎样?如果我们的城市切实地降低对石油的依赖,它们又会变成什么样?就像"奇点"(一个科幻小说中的术语,用以描述超越黑洞的物质)一样,根据目前的经验还没办法预测。当我们研究的问题缺乏连续性时,我们很难依据目前的趋势来预测未来,当然割断历史凭空想象也是不符合规律的。很少人能够预测到工业化革命、全球化知识经济以及廉价石油对于当今城市发展的影响。但是在这些历史中有很多值得我们学习,特别是从那些不愿意或者不能适应新发展的城市命运中。我们看到过很多关于城市发展的讨论和推测,比如为什么城市会衰退,为什么有的城市的发展可以与时俱进而有的却不行。但是我们更关心的是我们如何才能够改变城市,使它们变得更加有弹性。

根据城市学评论家简·雅各布斯(Jane Jacobs)的观点,城市是建立在新技术和新观念的基础上的,城市的发展也是各个城市之间竞相创新的一个过程。她认为这是创造财富的基础。我们可以将石油峰值危机和气候变化看做是下一波创新思潮的原动力。本书所要讲述的正是那些能够抓住此次机遇并且能够适应时代潮流做出调整的城市(虽然是谨小慎微的调整)。世界上只有少数几个城市能够展现出这种引领发展潮流的特征,大部分城市都处在试探性的观望状态。我们相信,在石油燃料更加紧张有限的未来,那些首先调整发展规划的城市不论在社会发展还是经济竞争中都会处于优势地位。[24]

虽然不能预测未来城市的模样,但是我们可以想象一下,在一个依靠汽油、柴油、民用燃料油和天然气发展的地方,当所有这些化石燃料没有时，这些家庭、社区和整个区域会变成什么样子。如果这些资源已经耗尽，至少是越来越少的情况下，我们的世界将会变成什么样子。所以我们下一步的发展方向是如何降低我们对于这些资源的依赖程度。我们能够想象出一个几乎不使用汽车的城市是什么样子？这不仅是关于我们星球未来命运的抽象讨论，而且是涉及每个人都可能理解的与我们的生活息息相关的方方面面。那么，我们可以想象未来的模样，它强调可再生能源的发展，支持公共交通体系和自行车系统，建筑设计、区域与城市的开发和更新都遵循尽可能少地使用化石燃料的原则。

## 结论

这本书是关于弹性城市的，是介绍如何设计弹性城市并且提供了一整套切实可行的方法去应对目前的汽油依赖问题和对化石燃料资源的过度消耗问题。当我们看不到希望的时候，恐惧感会使我们的发展陷入瘫痪。我们希望能够启发城市居民、规划师、设计者和政策制定者们，让他们学习到其他城市的发展历程和改革创新，不仅让他们看到如何设计建造更加弹性的城市，而且要让他们明白弹性城市是我们未来的希望。

# 第 2 章
# 气候变化和石油峰值危机：
# 资源消耗密集型城市的双重打击

2008 年 6 月，石油价格达到 140 美元一桶，这对全球的影响都是非常明显的，不论是正面和负面的。据《今日美国》报导，"美国人开车总公里数，与 2006～2007 年度同期相比，从 11 月到 4 月间减少 300 亿英里，是 1979～1980 年伊朗革命导致汽油供应短缺以来最大的下降。"[1] 在葡萄牙，渔民因为他们再也不能为渔船维持柴油的供给而抗议；在英国，他们以车队卡车封锁道路的形式，抗议燃油价格居高不下；航空业开始衰退；在发展中国家，人们因为由燃油危机引发的食品价格上涨而在城市中闹事。在美国部分城市的边缘地区中，整条整条的街道因无车通行而被封锁，如同被遗弃一般。汽车制造商再次向我们保证，他们可以生产更省油的汽车。政治家们要么指责银行人为炒作提升石油价格，要么指责欧佩克（OPEC）人为地降低燃料的供应量。金融分析家们则将矛头指向高燃油税。我们能从这个燃油短缺中发现什么问题？

在 1973～1974 年欧佩克石油禁运期间，司机排了四五个小时的队为他们的汽车加油，而却在排到的时候油又没了，许多人因此得了"恐油症"，只敢待在家里。就是在这个时候美国城市开始瓦解。[2]

在美国拥有汽车文化的历史上，从没有过任何时期能够与欧佩克石油禁运期间相比，石油短缺的局面足以测试一个城市承受的底线。然而，当其他资源依然存在的情况下，实际由于欧佩克的禁运，进口到美国的石油只是减少了 4%，其 80% 的石油需求都是由自给生产的。

本章着眼于当前面临考验的城市——石油峰值危机和全球气候变化。对石油和其他化石燃料的需求应该进一步降低，政府应该且必须出台新的政策来达到目标。那些对汽车和石油有很大依赖程度的城市，将面临严峻考验。

## 气候变化

关于需要解决气候变化的全球协议的势头已经无情地加快了。在2007年11月，联合国秘书长潘基文将气候变化形容为"我们这个时代的决定性挑战"。[3]

戈尔在他2006年主演的电影《难以忽视的真相》中，向观众传达了一个非常容易理解的信息，即全球变暖的危险。戈尔后来继续参与相关组织，与决策者和市民一起工作，帮助他们了解气候变化的影响，以及可以采取什么措施，以尽量减少这种影响。[4]

2006年，英国政府的财政部负责人尼古拉斯·斯特恩爵士（Sir Nicholas Stern）在一份报告中阐述了如果金融界不作为将可能导致的损失，他指出气候变化"是前所未有的最大的和最广泛的市场失败。"该报告评估了许多气候变化对经济可能造成的影响，包括极端天气事件带来的损失。"如同2003年欧洲经历的热浪一样，当时有35000人死亡，农业损失达150亿美元，而且到了本世纪中叶这将成为司空见惯的事情。"[5]

世界的气候学家们20年以来一直聚首于联合国举办的气候变化专门委员会（IPCC）。他们2007年的报告说，全球变暖是毫不含糊的事实，而人类活动"极有可能"是1950年以来气温上升的原因。尽管这是自1990年以来专门委员会发布的第四次报告，但它却是第一次声明全球变暖是不争的事实，并且已经十分肯定人类的影响是一个重要原因（有90%确定性）。戈尔和IPCC获得了2007年诺贝尔和平奖，因为他们的共同努力，使更多有关人类活动造成气候变化的知识成为共识，同时他们也在减缓气候变化的方

法和措施方面奠定了基础。⁶

当大众文化、金融和科学都在异口同声地说着同样的事情的时候，政治运动也必然会展开。此种情况下，即使是美国和澳大利亚等持气候怀疑论的国家也接受了政策必须调整的现实并加入全球气候策略调整的进程中。

2006年美国民主党在中期选举中获得国会控制权，和气候变化有关的法案得以首次尝试，并得到两党的支持。它不再以争论气候变化属实为议题，而是关注谁能提出与能源相关的最佳政策。戈尔说，2007年澳大利亚联邦选举，是有史以来第一次选举中以气候变化为主要议题的。对于凯文·拉德(Kevin Rudd)战胜约翰·霍华德（John Howard）（一个态度转变为时已晚的气候变化论的支持者，在十年内因为怀疑气候变化而毫无作为），也直接导致了新的内阁在2007年12月3日通过他们的第一个法案便是签署《京都议定书》。因此为期一周的巴厘岛联合国气候大会上，澳大利亚得到了全场起立鼓掌的肯定。但也许在会议结束时的意义更重大，因为当时全球达成协议的希望几乎破灭，美国决定加入（尽管没有批准《京都议定书》）下一阶段对气候变化的全球治理计划，此项计划旨在通过全球化二氧化碳逐步减排承诺，其目标在于2009年末实现化石燃料消耗的真正减少。

有些人仍然认为全球协同治理在任何地方都起不到什么作用，我们有必要提醒他们这样一个事实——当科学家在1984年判断对臭氧的破坏是一个催化剂以后，逐步淘汰含氯氟烃（CFCs）的计划已经取得显著的效果。对危害环境和人类健康的潜在危险，已经激发了世界各地的气候科学家开始形成全球气候危害的意识，并由此于1987年制定了旨在保护臭氧层的《关于消耗臭氧层物质的蒙特利尔议定书（Montreal Protocol on Substances that Deplete the Ozone Layer）》。国际条约呼吁停止对臭氧层破坏的物质的生产。在随后的联合国会议中，人们重新审视了这个呼吁并且加紧步伐。从此我们学会了如何利用科学研究和技术进步来生存并且改造我们的城市。目前臭氧层受损的破洞正在逐步恢复中。[7]

全球治理工作需要依赖工业界、社区和世界各地政府的合作。这应该是一个使我们充满希望的巨大源泉。但是我们应该记住,石油峰值和气候变化需要我们在生活方式上做很大的改变,是我们对人类文明和城市改造的信心上的巨大测试。

然而,我们现在面临的困境更加让人触目惊心,人类已经将整个大气圈破坏到如此程度:北极冰层正以每两年两倍法国面积大小的速度消失。南极冰层正在以每10年70%的速率在加速消失。越来越多的暴风和海平面上升都到处威胁着城市,新奥尔良市现在像是一个什么都有可能发生的幽灵城市。[8](作者指该市在经过卡特里娜飓风后,城市一片狼藉。——译者注)

## 城市与气候变化

虽然城市居民人均碳排放减少了,但在快速的全球城市化进程下,城市却产生了更多的二氧化碳——占总碳排放的近80%,导致总碳排放量的上升,使得温室效应更加严重。[9]当然,城市化加剧也为城市提供了减少碳排放量的可能性,因为我们可以发展高密度和适宜行走的开发模式,还有开发公共交通,这些都有助于减少温室气体。

全球变暖主要集中在城市地区,城市里的交通、工业和建筑物(在美国:工业占30%,运输占28%,商业17%,住宅17%,和农业8%)。

研究表明,高密度开发模式下的交通,相比之下反而能够减少温室气体的排放。大多数交通减排的项目更多关注于燃油的效率,但是,研究却表明我们对汽车依赖性的增加,将使得任何通过提高燃油效率来减排的成果功亏一篑。美国能源部下属的能源情报署(EIA)预测,驾车出行将导致2005~2030年59%碳排放量的增长,超过了由于人口增长而带来的23%的温室气体排放增加。能源情报署同时也预测了,在这个时期大型车队的燃油经济会增长12%。尽管其燃油效率有所增加,但是二氧化碳的排放仍然会增长41%。[10]如果国际协同治理组织能够认识气候变化的严重性,那么所有这一切是他们无法容忍的。

全球治理的工作集中在如何避免全球升温幅度超过 2～2.5℃。其实除了升高的温度外,还会有将近四分之一的全球物种灭绝,暴风和飓风都变得越来越激烈,整个沿海地区不得不被荒弃,包括世界上很多著名的城市。[11]

根据IPCC,防止这种程度的温度升高将需要世界至少在2050年之前减少温室气体排放的50%才行。由于汽油和天然气(合称为石油燃料)的高峰供应导致了石油燃料的消耗高峰,也不可避免地带来了其存量呈指数级的下降,这已给全世界的城市带来了政策上严峻的考验。

## 石油峰值

"石油峰值"指的是,在认识到石油是一种有限的将会枯竭的自然资源的情况下,任何地区的石油产量已经达到或者接近产量的峰值,必将会下降。[12]

通过多年的经验,石油生产商了解到每一个油田都必将经历上升—高峰—低谷这样的一个循环生产阶段。当一个地区的油田聚集起来的时候,物理学家就能够以物理模型来预测这个地方的石油资源什么时候可以达到高峰,什么时候又会下降。尽管新技术可以延长油田的寿命,但它们终将逐渐消耗殆尽。而且虽然一半的油田仍然处于高峰生产期,但是另一半却变得越来越难于抽取,因为油田中充斥着很多水,这也意味着这需要更多的能量才能将石油抽取出来。于是,随着油井废弃,这个地方失去了意义,钻探又被挪到另一处——往往向更敏感的地区靠近(比如说北极国家野生动物保护区(Arctic National Wildlife Refuge,简称ANWAR))。

在国家的石油供应中可以看出石油枯竭的周期。当一个国家出现了石油峰值以后，与以往不同的经济及政治因素就会掺和进来，因为这时必须以其他方式来满足不断增长的石油需求。印尼和中国最近加入了石油进口国的行列——它们曾经也是出口石油的国家（在过去30年左右超过30个国家达到了石油峰值）。

美国自从1970年石油产量达到峰值以后开始进口石油，这导致了20世纪最后阶段欧佩克组织的供油缩紧和石油地缘政治复杂。当今美国一半以上的石油需要进口供应，为此消耗的成本为21.6亿美元（网站 zfacts.com 显示了美国进口石油的总数的不断叠加总额数，在2008年6月接近4万亿美元）。

石油峰值的观点早在1956年被一位名叫玛里昂·金·哈伯特（Marion King Hubbert），在得克萨斯州休斯敦的壳牌石油公司工作的地球物理学家提出，他提出，在任何地方的石油生产都会遵循"钟"形曲线的规律：即在达到峰值后出现下降。他说，美国的峰值将出现在1970年。尽管受到了许多相信有需求就有供应原则的经济学家的冷嘲热讽，峰值如期到达，之后虽然美国政府出台了一系列的政府奖励和津贴，美国的石油产量仍然持续下降。

现在世界上正发生着同样的情况，最新全球发现表明目前的供油量自从1960年就开始下滑，如图2.1所示。

全球石油产量的变化遵循哈伯特的钟形曲线的趋势（除了三次分别在1973、1979和1991年出现的石油危机时的减产），一直呈现上升趋势直到2005年。自从2006年以来石油的产量就一直处于高产稳定期，尽管还有2到3的百分点的需求增长（主要由来自于中国和印度，但是它们加在一起只占了全球石油产量的12%，而美国一个国家就占了26%）。

可以理解的是，石油公司和汽车公司都不愿意承认石油生产已经到达峰值，因为这会导致它们的股票价格受到潜在影响。但是一些公司却能打破规则并勇于承认石油高峰值的事实，包括通用汽车的首席执行官，他在2008年的底特律汽车展上曾经提及此事。[12]荷兰皇家壳牌公司的首席执行官在2007年1月30日，首先并且是第一个承认了：廉价石油时代已经终结，而且还预言了 2015 年之后全世界的一场"石油争夺战"。[13]

《华尔街日报》2007 年 11 月的头版头条是"石油官员看到了有限石油产量递减趋势"，表明实际的政策意味着每天从世界油井打出来的油实际不足 1 亿桶甚至更少。这些都是因为高耗竭的各个油井导致的，它们的过度开采使得产量超乎实际（慢一点的开采会导致慢一点的下降），还因为中东（最大的存储地所在），尼日利亚和委内瑞拉的政治动荡。虽然文章本身没有谈及太多理论，但讨论了相关实际的问题，这正是理论的基础。[14]

许多领域中持续着石油峰值概念的讨论。剑桥能源研究协会（CERA）是一个石油产业咨询公司，它预测了石油的产量将在 2017 年上升到每天 1.12 亿桶（相比之下在 2007 年每天 9100 万加仑）。石油峰值和天然气研究组织（ASPO）高调回应这次预测，说愿以一万美元的赌注与 CERA 打赌 2017 年的产量不会有预测的那么多。ASPO 认为，石油峰值的时期已经临近，说明了石油已经越发难以开采，而且廉价石油时代已经永远逝去了。[15]

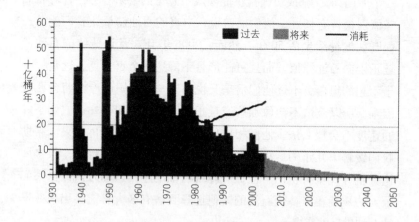

图 2.1 从 1960 年以来，世界范围内石油供给已经出现下滑。然而，另一方面，从那时候起，石油的消耗却不断升高；这种状况是不可能持续下去的。(改编自：Colin Campbell，ASPO 的著作)

除了剑桥能源研究协会,其他反对者包括澳大利亚政治家比尔·赫弗南(Bill Heffernan),说石油峰值在40年以内不会出现;还有埃克森美孚公司曾在2007年宣称,达到石油峰值至少在25年之内不会发生。

许多国家的政府一直不愿意正视石油峰值的问题,为了他们的利益考虑,他们很少去威胁到作为自己机构所依赖的石油。但是最重要的是,整个社会似乎不愿意去思考石油增长导致储油量短缺所带来的影响,似乎只愿意去关心目前对石油价格的影响。《卫报》上一篇文章题为"油桶见底——世界已经把石油耗竭了,为什么政治家还拒绝谈论它呢?",其中有一段话为:

> 每一个时代都有不可触犯的大禁忌,而我们的是:人类自身赖以生存的资源正在走向耗竭。我们不讨论它,因为我们无法想象,这是一个不被承认的事实。[16]

在过去几十年关于石油峰值的辩论中,国际能源机构(IEA)——一个专门为27个成员国提供能源政策意见的组织——一直对石油峰值理论持有怀疑。他们通常说,丰富的石油储量让我们能够一如既往地继续生活50年。然而,2006年IEA承认传统的石油产量正走向石油峰值,而且可能产量下降达5个百分点。这是一个了不起的坦白。不过他们后来又说,下一批油田的产油将会比较困难,所以应该不会像那些产量正在下降的油田一样,它们下降的速度不会那么快。他们相信传统的油井仍旧可以再开采以帮助我们缓解下几年的危机,以便为其他选择腾出发展时间。很多评论家批评此报告企图"催促"传统石油的生产。同时,评论家们最大的质疑在于替代石油的其他选择到底有多大可能会出现并填补石油供应的空白。[17]

人们作出了巨大的努力,尝试去发现新的石油储备,和提高现有油井的开采量。目前新发现的石油储量增长速度比起我们消耗石油的速度来说是非常缓慢（至少三分之一）。加拿大塔利斯曼（Talisman）石油公司首席执行官吉姆·布基（Jim Buckee）说：

> 即使使用了全部先进的技术继续探索，我们根本不可能扭转现实，甚至一点儿也没有影响自1965年发现石油峰值到现在以来石油产量总体下滑的趋势。这说明了问题在于地质本身，这超乎人类的能力，人类根本没有办法找到它。因为它根本不存在了。[18]

大多数石油储量都在欧佩克的掌控之下，但是石油峰值和天然气研究组织的分析师关注的是中东的石油储备的事实（尤其是在沙特阿拉伯）。在过去几十年中一些中东的石油供应国营造出了"影子储量"，以此驱动欧佩克提高规定的石油产出配额。这种配额根据不同国家的油田的大小和储油量来规定石油的产量。这种产量配额制度就像赚钱执照般可以让全世界花更多的钱来买石油。[19]

我们认为全球的石油产量高峰期是不可避免的。虽然有很多关于高峰期什么时候会到来的预测，它们基本都集中在这个世纪初，还有一些（现在大多被认为不可信）预言在更远的未来。那个创立了ASPO的石油地球物理学家坎贝尔说，传统的石油在2004年达到峰值，而石油液体会在2010年达到峰值。普林斯顿大学的地质学家肯尼思·德菲斯（Kenneth Deffeys）认为，我们已经处在石油峰值期，而且正面临永久的短缺的局面。[20]

澳大利亚一家电视节目[澳大利亚广播公司的催化剂节目(ABC Catalyst)，2005年11月]报道了与石油峰值相关的故事，澳大利亚石油公司的首席执行官曾经问2004年的澳大利亚石油生产和开发会议的出席者，问他们是否想到石油峰值已经出现，其中有一半举起他们的手。

更多来自英国和美国政府的估计是比较保守的，他们预计石油峰值将于2010～2020年出现。很多评论者争辩说，我们在乎的是"世界正出现石油峰值"而不是一个精确的表达峰值出现的日期,他们认为石油产量已经趋于稳定,而且非常可能在此水平上持续一段时间。世界上一半的石油来自于世界15%的石油储备——这些油井都已经到达了开采极限。一些产油的地方拒绝被过度开采,因为他们希望维持油井的寿命。摇摆式的产油地,如过去总是帮助西方国家在已有的产量上再多产一点的沙特阿拉伯,目前也正面临着开采已逼近最大限度,快速增长的国内消费需求,还有一些油井的产量也开始下降等问题(在2008年沙特阿拉伯国王阿卜杜拉宣布,他们必须为未来的子孙后代着想而考虑降低产量)。

我们似乎还处在石油产量的稳定区,但是到石油产量开始下降甚至到最后一滴的时候还有多久呢,我们向石油产出国施压以获取石油的方式还能维系多久呢?[21]

我们需要采取短期措施,因为我们的城市正面临着石油产量的下降,尽管我们一边在着手做长期的改变。我们还需要时间来研究和测试那些可替代的资源。国家再生能源实验室(NREL)的国家生物能源中心的研究成员迈克尔·帕切科(Michael Pacheco)说:"不管高峰怎样,我们需要在达到高峰之前的20年开始研究可以替代的资源。"以此看来我们已经对此项挑战的响应慢了许多。[22]

我们认识到我们日常生活的方方面面都依赖于汽车,我们也正在面对及尝试解决这个问题。我们在过去60多年里把城市和农村建在可以获得廉价石油的地方,而现在必须为未来考虑与以往不同的方向和目标。在2007年,全球制造了超过7000万辆新的汽车和轻型卡车,其中每100公里消耗25~30公升汽油的具有500马力V8引擎的SUV,型号汽车的数量持续增长。在美国,因为目前石油价格又创新高加上经济不景气,大型汽车的出售量已经下降,很多汽车制造商已经倒闭,还有些亏血本甩卖的方式比如"买一辆车获得免费汽油",都表明了这一点。

一些改革者预测了新的挑战,比如印度塔塔汽车公司出产的贫民型轿车 Nano，在印度的售价仅仅 2500 美元左右。这将会使很多以前买不起车的人成为有车一族，而这很有可能导致石油消耗的增加，空气的进一步污染以及交通拥堵等问题。[23]

这种状况能否继续下去？

## 天然气：救命稻草或是存在一样的问题？

天然气是一种可燃性混合碳氢化合气体，成分主要是甲烷，同时也混合有乙烷、丙烷、丁烷和戊烷。相对需要钻探才能获得的甲烷来说，天然气不但是清洁燃料而且是一种能明显缓解石油枯竭问题的过渡燃料，因为天然气在燃烧时排放的温室气体是燃烧石油的 2/3 和煤炭的 3/5。它可以被转化为柴油或者以其原来的形态被使用在汽车中。天然气已经被用来取代许多家庭中使用的供热燃油，同时也用于替代在商业及工业中使用的石油。在澳大利亚，石油由原来在 1980～1981 年时占混合燃料的 57% 降到在 1997～1998 年时的 48%，而同一时间，由于锅炉、窑炉、灶和加热器都转向使用天然气，其在混合燃料中的比重由 13% 上升到 20%。[24]

所以下一阶段将转向将天然气更广泛地投入交通运输中，这是基于卡车、火车和渔船在它们的柴油发动机中可以使用压缩型天然气（compressed natural gas）或者液化天然气（liquefied natural gas）。汽车也同样可以进行这一转换（特别是如果制造商达到天然气汽车总量标准就像瑞典政府承诺的一样）。尽管加气站还比较少，但是这种变革还是极具吸引力的，因为获取天然气的基础设施都已经到位了。

在像澳大利亚这样可用天然气资源丰富的地方，向天然气转型是一个显而易见的过程。但在欧洲和美国情况却不一样。欧洲正在向遥远的东部地区比如俄罗斯来获取它们的天然气，并且已经有迹象表明，一些像欧佩克（OPEC）资源保护组织正在形成。在美国，天然气开采已经达到峰值，并且相关部门正指望于用液化天然气油轮进口天然气，就像对石油一样依赖海外生产。

全球天然气产量预计将达到像原油产量的峰值，虽然不那么确定，但是据估计这个时间范围大概在 2010 ~ 2030 年。同样显而易见的模式就是在 20 世纪 60 年代末 70 年代初发生的原油高峰。由于原油和天然气有类似的海洋沉积物的地质起源（不像煤炭是从古老的森林发掘出来的），它们有着类似的模式一点也不令人惊奇。此外，原油和天然气的价格是紧密联系的，因此当原油价格走高的时候，天然气的价格也可能走高。天然气只能被认为是从石油向其他能源转变过程中一个小小的过渡阶段，而不能被认为是长期的原油替代品，因为它也会达到峰值。而且最终我们也要慢慢放弃对它的使用，因为这是我们回应气候变化的重要组成部分。[25] 向天然气转变的过程有它的好处，那就是它为远期过渡到氢能源提供了便利。

## 原油和天然气是如何被使用的？

在 2006 年美国平均个人（当突破了 3 亿人）在他们的车辆和建筑上消耗 880 加仑原油和天然气产品。而在未来的 20 ~ 30 年间他们将无法承担这样 880 加仑的消耗。事实上，正如接下来描述的一样，在美国人均 880 加仑的燃料消耗（包括汽油 473 加仑、柴油 120 加仑、供热燃油 90 加仑、建筑天然气相当于 197 加仑）到 2050 年时将至少减少一半。

表 2.1 和表 2.2 分别展现了美国原油和天然气用于各部分的比例。

虽然美国是最差的燃料消费者，但我们还是需要在全球范围内理解燃料的使用情况以及如何减少我们对燃料的依赖。这是客观现实，我们必须为世界上的城市制定出行动规划。

## 有其他的原油替代品吗？

许多经济学家对石油峰值的想法是供给的关系将产生必要的改变，从而产生原油的替代品持续填补供求之间的沟壑（参阅表2.1）。技术现代化和由于价格产生的资源替代性理念仍然是当今最有力的典范。"石器时代并不是由于石头短缺而结束的"是一个在讨论石油消耗时经常被提及的说法 [ 源于欧佩克的创始人谢赫 · 亚曼尼 (Sheik Yamani) 的理念 ]。但是石油是不同的也是极具挑战性的，因为它现在是我们所做的每一件事都要依赖于它，同时替代燃料并不是那么容易就能出现的而且代价会相当昂贵。还有一个针对石油替代品的考验，那就是开发和生产这些能源是否会消耗巨大的能量而这种新能源是否会释放出大量的温室气体。亚历克斯 · 法雷利 (Alex Farrell) 作为一个加利福尼亚伯克利大学能源和资源小组的教授，表明"所有非传统形式的原油比石油都要排放更多的温室气体"。比如说，虽然加拿大作为一个签署《京都议定书》的国家，但是它不太可能达到它定下的二氧化碳减排的目标，这主要是由于该国在艾伯塔省焦油砂油田的过度原油开采。[26] 由加拿大环保团体"环境防卫（Environmental Defence）"所做的一个报告中声称"加

| 原油的使用 | 表2.1 |
|---|---|
| 用于汽车的汽油 | 47% |
| 用于卡车、船、货运火车和一些汽车及一些电厂的柴油 | 13% |
| 用于飞机的航空燃油 | 10% |
| 用于建筑物的热然油 | 10% |
| 用于的士和车船的液态天然气 | 4% |
| 铺地用沥青 | 3% |
| 用于化学、塑料、橡胶、制衣及制药等的石油化学制品 | 18% |

资料来源：EIA（环境影响评估）网页，2006年10月30日和EIA年度能源展望，2006。

天然气的使用　　　　　　　　　　　　　　表2.2

| 使用 | 比例（2003年，美国） |
|---|---|
| 工业——肥料、钢铁制品、玻璃制品、纸制品、砖等 | 37% |
| 住宅——暖气、烹饪、热水器 | 23% |
| 电力 | 23% |
| 商业——加热建筑等 | 14% |
| 交通 | 5% |

资料来源：EIA，年度能源回顾。

拿大在全球变暖的进程中被焦油砂绑架了"，而且焦油砂已经让这个国家为全球变暖所作的努力回到"零点"，因为他们已经为加拿大其他地区开了先河。[27]

在关于替代品的所有讨论中，有一个观点是比较明确的，那就是没有明显有效的方法在将来原油供应不受到限制的时候可以用来填补石油的空白。英国石油公司（BP）勘探经理理查德·米勒（Richard Miller）在回应用新技术来节约的说法时说道：

"这是一个典型的经济学者的观点：当原油的价格达到一定高度的时候，一些新的替代品就会出现，因为一直以来都是这样的模式。但是现在没有任何让人信服的物质能够代替石油，任何东西不可能在同等的价格条件下具有石油那么大储量、那么高的能源密度。我们不可能开采足够的焦油砂来满足需求，因为没有足够的水资源来加工处理它。我们也不能发展生物燃油因为将来可能会没有地来栽种食物。不论是太阳能、水能、风能或者是地热能都不能产生足够的能量，氢（来源于水）会消耗比自己所能生产的更多的能量，而核裂变和核聚变目前还处在大多政治议程之外。当原油变得过于昂贵时，幸存的美国人仍能从替代资源中获取能量，但是花费将更多而获得的能量将更少。"[28]

到2030年供求之间的差距相当于6000个5亿瓦特电厂。没有哪一个替代能源有能力满足或接近这种相当可观的供求差距。

英国 1997~2003 年在任的环境部长迈克尔·米彻（Michael Meacher）说道，"像生物燃料、乙醇或者生物质这样的替代能源只能稍微地起到接近满足需求的作用。当原油消耗完时，将会出现空前的经济和社会动乱。他接着引用埃克森美孚（Exxon Mobil）公司的约翰·汤普森（John Thompson）的观点，预计到 2015 年，10 桶原油中的 8 桶（和等量天然气）都需要从我们现在生产的替代品中找到或者开发出来。他最后总结道，这就是一个"不能达到"的目标。[29]

在美国，对乙醇替代汽油和生物柴油替代柴油的兴趣正在逐步提高。在 2005 年 7 月通过的能源政策法案（HR 6）是美国联邦政策第一次通过再生燃料标准要求（Renewable Fuels Standard），其中提高了乙醇的使用水平。再生燃料标准要求于 2006~2012 年间提高全国范围内乙醇和生物柴油的用量。2007 年由美国国会通过的能源法案要求从现在每年接近 75 亿加仑开始增长到 2022 年每年生产 360 亿加仑的生物燃料。[30]

全美行驶中的弹性燃料汽车（Flex-flue Vehicles，能够使用乙醇作为燃料）的数量只占全部车辆的 2.4%。而且，即使提供乙醇的加油站激增，其也只占全美加油站的 1%。同样的，虽然资源法案要求增加弹性燃料汽车，但是距离乙醇能为弥合供求之间的差距做出巨大贡献还有很长的路要走。[31] 一些汽车制造商已经选择在耗油量大的皮卡和 SUVs 上使用这些弹性燃料汽车技术，为的是能使这类汽车在市场上的份额提高。由于乙醇只能在 0.5% 的加油站中找到（大多数都集中在上中西部偏北的地区），所以弹性燃料汽车几乎都用的是汽油，而事实上许多人甚至都不知道他们的车是使用弹性燃料的。忧思科学家联盟（The Union of Concerned Scientists）估计关于生产弹性燃料汽车的政策实际上会将使汽油消耗提高到 12 亿加仑或者说是上升一个百分点。[32]

生物燃料似乎是一个令人鼓舞的替代品，部分由于巴西成功地

**图框 2.1 传统原油抽取的替代品**

*生物燃料*是涵盖了广泛的燃料种类（包括固体的、气体的和液体的），是由多种多样的生物学材料和生物能构成。比较普遍的例子就是乙醇和生物柴油，前者由玉米或者甘蔗中提取而后者由大豆或者废油制成。正如接下来讨论的，它们都有着光明的前景但同时也受到一定的限制。

*煤*：煤在一些国家中的用量持续上升，但是同时出于环境考量，也出现了很多呼吁要求降低煤的用量。这是由于煤是迄今为止制造每单位能量排放最多温室气体的燃料。此外，有新证据表明由于对原油和天然气的实际限制，到 2025 年煤炭也将会可能达到其峰值。[1]

*深水钻井*被认为是那些钻取距水面 1000 英尺以下石油的钻井。尽管这种方法需要相当高的技术来实现比较经济的钻取，这一方法经常作为解决方案被石油公司提及。这可以让石油公司发现和开采更多的原油（1996 ~ 2006 年期间，深水石油的产量上升了 8 倍多），但是它并不能使我们回到拥有便宜原油的时代，也不能为石油短缺提供解决方案。正如麻省理工学院技术评论（MIT's Technology Review）中所报告的，举例来说，尽管谢弗龙（Chevron）认为在大溪地（Tahiti）5 亿桶石油【深水】是一个"大象"般的发现，但是这已不再是原来意义上的大象了。于 1951 年开发的沙特阿拉伯盖尔瓦（Saudi Arabia's Ghawar）地区已经产出 540 亿桶并可能还有 700 亿桶的产量。而光美国每天就要消耗 2000 万桶石油。[2]

从油砂和油页岩中榨取出的"污油"暗藏更严重的环境问题而且需要大量的水和天然气来从沙和石头中来获取并且也导致了大量的温室气体排放。"挖掘合成每桶原油需要大约 810 兆焦耳的能量，而这是每桶油所含能量的 1/8。"通常情况下我们可以将其看做是未来的一个重要的替代能源，但是它的贡献并不大而且也受到气候变化限制。[3]

*电*：电动汽车已经普及了一段时间而且可能将逐渐成为油耗汽

车的替代品。电力运输和小型电动车（small gopher electric vehicles）由于它们自身的高效而在全世界范围内的使用率高速增长（比如东京的电车，相当于用1加仑汽油可以行驶6600英里）。新式插件式电动汽车和混合动力汽车也将是可发展的选择。如果能通过智能电网（Smart Grid）来存储再生能源，对电能的选择将会快速增长。[4]

天然气制油（GTL）和煤液化（CTL）技术还处在测试阶段，它们都有可能从小规模试用扩展到大规模应用的潜力。但这两者都需要大量能量来制造柴油，它们都是资本密集型产业，而且在过程中都释放可观的温室气体。在未来20年内煤可能达到其峰值说明煤液化并非最终答案。

氢需要其他能量来源使其从水中分离出来。分离之后氢可用于氢电池汽车。这一类型汽车大多还在实验阶段，而且将其投入广泛使用还需要有完整的基础设施以确保压缩氢气快速有效的供应。从长远看来，只要在分离过程中使用的是可再生资源供能，那氢气能将是一个乐观的燃料替代品。

1. David Strahan, www.guardian.co.uk/environment/2008/mar/05/fossilfuels.energy.

2. Bryant Urstadt, "The Oil Frontier；"(Technology Review), Cambridge, MA：MIT, July 1, 2006.

3. Elizabeth Kolbert, "Unconventional Crude：Canada's Synthetic-Fuels Boom；"(New Yorker), November 12, 2007.

4. Chris Woodyard, "Tesla：Little electric roadster that could；"(USA Today), March 4, 2008, B1-2. (See pages 107 and 108).

提高了它从甘蔗中提取燃料的比例。然而有越来越多人忧虑食品安全问题，关于食品是为了人还是为了车之间的争论越演越烈。莱斯特·布朗（Lester Brown）表示由于美国突然增加了使用玉米生产乙醇比例使得全球都面临粮食储备危机，而如果这样的增长再翻一番（已经几乎可以肯定会发生）将引致粮食价格的重大危机，而在同一时间全世界将有近10亿人营养不良。在2008年，根据联合国粮食及农业组织的声明，"生物燃料的使用伴随着对食物需求的增长已经使世界食物储量达到自1982年以来的最低水平。"传统的生物燃料作为能帮助农民生产的燃料在农业领域起了重要作用，但要扩展为城市燃料资源还将会面临许多挑战。现今确实在将纤维素物质转换为乙醇方面存在潜力（比如农业和林业废弃物）。[33] 如同其他一些燃料替代物，在生产生物燃料的时候也产生了可观的温室气体。在2008年科学杂志上刊载的两个研究表明对生物燃料的投资可能会导致严重的环境恶化。[34] 现在唯一的有真实潜力的替代物是基于可再生资源的插入式混合电力汽车（Plug-in Hybrid Electric Vehicle）。关于可再生资源（太阳能、风能及潮汐能）造成的电网不稳定的问题被插入式混合电力汽车的储存能力解决了，因为它能在夜间充电（当电网能量流失时）并且能通过接收和释放能量来稳定高峰时期的电网。插入式混合电力汽车和智能电网为交通运输提供了一种可再生的方式，但是这一方式需要20多年的时间才能使一小部分的交通运输使用这种类型的车和电力系统。

以上观点表明确实有一些可接受的替代汽油燃料的方式，但是也需要时间来决定如何投资这些替代品使其既不背上全世界食物资源的枷锁也不会导致温室气体排放量的增长。

### 减少汽油

图2.2阐明了关于石油、传统和非传统的原油和天然气的生产周期。这与为什么我们认为由于供不应求会导致能源枯竭和为何我

气候变化和石油峰值危机 35

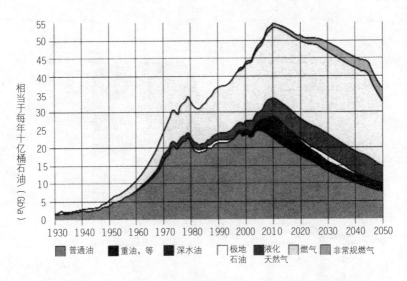

图 2.2 全球原油和天然气生产周期，来源于石油与天然气顶峰协会（ASPO）。

们需要减少温室气体排放是一致的。这也表明我们现在正经历传统原油的峰值而这一现实使得油价将继续保持在高位。同时这也使我们承认非传统性原油和天然气储备确实剩余不多。此外，该图指出在 2010 年左右将是一个关键的转折时间点，此时，即便是有深水勘探石油技术和正在开采的天然气，全球石油产量也将达到峰值。需求曲线将持续增长但其增长比率将比在这些燃料的价格上升以前低。然而，所有的传统预测都表明，对于石油的需求还会继续增长，但是用传统的供应方式是不可能满足需求的。

为了汇总关于未来燃料转变的一些观点，了解我们现在如何使用燃料以及将来可能会有何改变是非常重要的。

柴油现在被用来使用在小型电站以及抽水处理中，而这样的能源需求完全可以被太阳能和风能所替代，从而使柴油在非交通应用上被迅速地淘汰。[35] 应该增加在地面货运、农业及航空业的柴油一些额外的费用，因为在这些领域中柴油的使用不仅有直接的经济利益，而且没有其现成的替代品（除了在农业领域的某些方面使用

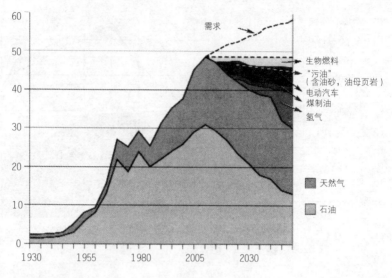

图 2.3 替代燃料如何能在石油产量下降时满足能源需求。

生物柴油)。供热燃油正在被快速地取代,并且炼油厂也可能会慢慢放弃生产供热燃油,取而代之将生产更高等级的石油制品,以满足更广泛的用途。汽油作为石油产品中分量最重的一种,将不可避免地进入使用急剧下降的时期。天然气只占据了交通和建筑工程的一小部分。关于替代燃料对缩小原油供求之间差距的能力可参见图 2.3。正如前文所讨论过的,我们并没有发现替代燃料有能力取代石油,就连抵消一半的原油供应的能力都没有。这本书着重讲述的替代燃料的巨大差距也在图 2.3 体现出来。什么能抵消由于城市和地区发展导致的原油需求的上涨?当原油资源匮乏时,谁能取而代之?我们将在接下来的章节中讨论这些问题。

**降低的速度到底有多快?**

气候的变化迫切要求到 2050 年时至少减少 50% 的温室气体,即全球范围内从大约 9 英吨二氧化碳减少到 4.5 英吨。

同时，到 2050 年原油生产预计将每年减少约 150 亿桶，即减少约 50%。值得注意的是气候变化和石油峰值危机正好重叠在了一个点上：到 2050 年减少 50%。

一个是需求动机，另一个是供应动机。不管怎样，我们必须找到一个方法减少对这些燃料的需求。针对石油，这意味着我们要设计一个能减少 25% ~ 50% 的驾车行驶量的城市。货车运输将减少 25%，而且航空运输也将减少其飞行量。对于建筑而言，则是意味着减少 25% ~ 50% 的加热和冷却供能。这可能吗？我们需要怎样的技术来实现？我们如何重新思考设计城市实现这些目标？

这些数字对我们的城市运转方式提出了挑战。同时要求我们也为了经济的持续增长而采取根本改变。虽然这些都是巨大的挑战，但是我们认为我们是可以克服这些困难的。第一步我们要加强意识，第二步就是我们要充满想象力。

想象我们从根本上改变了石油的使用方式好像有点遥不可及，但是如果我们了解到这个转变是一小步一小步实现的，就不会觉得那么困难了。为了达到 2050 年减少 50% 化石燃料使用的目标，我们只需要每年减少 1.73%。这么看来这一目标并不难达成。这样真的能使化石燃料的使用在本世纪中叶时下降一半？当然这是一个成指数级增长的难题，这些数字后面隐含着巨大的力量。多年来，环保人士不断地警告人口和资源消耗的快速增长将使我们的地球不堪重负。现在化石燃料资源的急剧下降正能支持这一论点，而我们也将为此做出改变。我们已经视这些变化为我们进入新阶段的标志。举个例子，可再生能源（主要是风能和太阳能）每年增长 40% 左右。

从增加城市弹性的角度考虑，对我们城市的挑战是如何减少汽油燃料使用，以达到既可以缓解全球气候变化又能够应对石油峰值危机的程度，同时这一进程不会破坏城市中的社会肌理。即使假设石油和气候危机都不会发生，回应这一挑战也是必要的，这也使未来的城市如何管理车辆和更多使用太阳能的议题变得更为重要。

## 结论

现在面临的严肃问题是未来的城市扩张是否可能以石油依赖型建筑和交通为根据。即使在石油和气候危机前就已经有了对城市夸张的限制,但这部分是基于对经济、健康和环境代价认识的提高。现在,人们必须接受并把它看做是决定了未来经济走向的行动纲领。

当然,我们可以试想一个比我们预设每年下降1.73%化石燃料更糟糕的未来。在下一章,我们将着眼于可能突然发生并造成社会动乱的石油供应骤减的情况。举例来说,我们将不可能使我们的城市在没有经历重大困难后就突然适应减少5%~10%的燃料供应。所以我们如何在城市中尽快开展脱碳工程和减少对石油的依赖将至关重要。我们需要建设弹性而充满希望的城市来避免由于对化石燃料过度依赖而可能导致的社会崩溃。下一章我们将探讨不同的关于城市如何回应这些挑战。

# 第3章
# 未来城市的四种发展方向：
# 衰败、乡村化、分划和弹性城市

20世纪70年代早期的第一次石油危机对全球各个城市造成了不同的影响。类似我们在序言中论述的例子其实还有很多。两位华盛顿的交通官员艾伦·皮萨尔斯基（Alan Pisarski）和尼尔·德·特拉（Neil De Terra）曾深入研究欧洲城市如何应对石油禁运，发现它们都采取了周末禁止私家车使用并且增加公共交通等方法。但是他们发现多数美国人却选择待在家里尽量少出行，而不愿意改变他们的交通方式，不愿意从使用私家车改变为使用步行、公共交通、骑自行车或是拼车等方式。究其根本，是由于多数情况下，这些可替代的交通方式的基础设施并不到位。他们得出结论：美国在提高公共交通的性能和吸引力上还需要做出很大的努力。[1]

到2008年，在应对石油价格飞涨时，欧美的结果就大相径庭了，美国很多城市的公共交通系统由于人数激增而不堪重负。这种反应，可能不同于1973年的禁运，因为目前的这种不利形势是被视为一个长远的问题而并非是一个暂时的政治问题。另外，现在有更多的可选择的公交模式。美国公共交通协会主席威廉·W·米勒（William W.Millar）在谈到引起乘坐公共交通人数增加的原因时说："很明显，使用公交人数增加的很大一部分原因是由于人们在寻找每加仑汽油需要支付3.5美元的替代品。"[2]

在谈到气候变化和石油峰值危机时候，当前流行的话题和政治对策就是讨论清洁能源或者能源安全问题，后者可以通过提高当地生物能源的使用和强调交通工具能源效率的供给模式来实现。布什（Bush）总统（之前就职于自己的家族石油公司）在 2006 年美国国会演讲中说道："我们太过于依赖石油。"接着他又强调需要更多的替代燃料，比如乙醇，但后来他又表示支持开放对荒野地区有限的石油勘探并且解除了在佛罗里达州（Florida）和加利福尼亚州深海钻井的禁令。目前美国仍缺少一个严谨的战略来减轻其对石油的依赖。

在上一章曾说过，有些应对方案实际上让情况变得更糟，比如：新的生产方法正在增加温室气体排放量；一些节油规定却使得高耗油的 SUVs 的数量增加了；一些可替代的燃料正在推高玉米的价格并且耗费食物资源。正是当人们看到了这种状况，才开始丧失了希望。另一个让人沮丧的原因就是我们从不吸取历史的经验教训。1937～1974 年的石油禁运和随后出现的石油冲击很快就被忘却，就像皮萨尔斯基和德·特拉提到的，对比欧洲，美国人的反应是"很少有市民能如此快速恢复到'常态'。"他们还说"我们把所有的希望都放在增加出口和能源供应上，而对能源需求的根本问题却置之不理。在这种没有远虑的方式下，我们永远无法达到我们所预期的发展目标。"[3]

毫无疑问，石油燃料的价格会继续波动而且产油国对石油的开采限制仍在继续。如果当能源匮乏导致恐慌到来的时候，而我们没有相对全面的战略去加以应对，那么贾里德·戴蒙德（Jared Diamond）所描绘的情景不远了：

> 由于我们正以这种不可持续方式迅速地发展着，环境问题将不可避免地以种种方式影响我们的孩子以及年青一代的一生。他们将为我们这代人的选择付出代价，唯一的问题是他们是否将用和谐的方式解决这个问题还是用不和谐的方式，诸如战争、种族灭绝、饥饿、疾病、流行病或是整个社会的崩溃瓦解。[4]

这本书就是告诉我们，我们有能力解决目前城市发展所面临的问题，有能力建立一座弹性城市而不是一座危险的濒临衰败的城市，然而我们也必须清醒地认识到我们有可能没办法或者不能及时地避免本章要讨论的一些令人不满意的情况发生。总而言之，在这一章中我们将介绍弹性城市这种城市发展的可能性，如何实现弹性城市会在这本书以后的章节中重点讨论。

## 方案1：衰败

虽然我们很不愿意讨论城市的衰败，但是人类历史上充满了城市衰落的例子。现代土耳其境内的以弗所（Ephesus），曾经是罗马帝国的第二大城市。一个繁荣的港口城市，于公元1000年被遗弃。那时因为周围山丘上的树木都被砍伐，河道淤塞，它已经不再是一个港口。在当时的以弗所，人们没有察觉环境治理不善、战争和经济的关系。如今，你可以在这个曾经一度是地中海最大的城市港口的废墟上散步，只不过由于内陆被侵蚀的关系只剩5英里了。同样的故事可以在圣经中看到，比如巴比伦（Babylon）（见 resilientcitiesbook.org）。

贾里德·戴蒙德把衰败定义为"相当大面积的、长时间的人口数量/政治/经济/社会复杂性的剧烈减弱"。他将衰落解释为"几种温和的衰落的极端表现形式。"[5]

衰败在字面上的定义局限于人类学、考古学、历史学、生态学、神学等。当我们考虑我们的城市和乡村地区能否解决资源匮乏以及随之而来的各种问题时，我们应该综合考虑各个学科。但是最后的分析必须遵循社会学的基本准则和观点。[6]

著名科学家詹姆斯·拉夫洛克（James Lovelock）曾用加亚理论（Gaia，把地球的功能看作是一个超级有机体）来阐述这个世界，也是他首次在大气中发现了含氯氟烃（CFCs）。他认为气候的改变是不可逆转的，到本世纪末人类的数量将从70亿减少到5亿。

他相信到 2020 年时,极端气候将开始肆虐地球,那时候崩溃将会开始变成现实:

> 到 2040 年,撒哈拉(Sahara)沙漠将覆盖到欧洲,柏林将和巴格达一样热。亚特兰大将变成一个葛根丛林。菲尼克斯(Phoenix)将会成为不能居住的地区,北京部分地区(沙漠)、迈阿密(海平面上升)和伦敦(洪水)也将变为无人区。食物短缺使数百万的人口向北迁徙,这也导致了政治局势的紧张。中国大部分地区将不适宜人类生存,人们只有迁徙到西伯利亚(Siberia)。艰辛的生活和大规模人类迁徙会导致流行病的肆虐,将有数百万人随之丧生。[7]

以弗所,由于过度地砍伐森林导致港口淤塞,在公元 1000 年衰退。它现在成为仅有 5 英里的小岛。(供图:iStock.com)

2005 年,新奥尔良由于极端气候问题造成的城市衰败令全世界感到惊奇。这个城市对此如此缺乏准备着实令人感到愤慨。一旦所有的文明限制消失，人们就会不顾一切的寻找食物和安全。这种场景无疑会让我们感到震惊。但是历史告诉我们不应该震惊——任何城市都存在这种可能。刘易斯·芒福德在描述城市的特征时曾形容城市就像一个大墓地，其注定会衰败。他说道："……不管怎样，城市是各种肤浅的朝生暮死的事物的集合体……当各种衰败迹象频繁出现时，虽然表面上看城市的基石还都比较稳固，但实际上城市已经离变成墓地咫尺之遥了。在经历衰败的所有痛苦和死亡之后，我们试图重建这些城市并且从中得到教训。新奥尔良的经历让整个工业社会的人们开始反思它的教训。"[8]

像纪录片《人类的攀升》(*The Ascent of Man*) 中所介绍的雅各布·布罗诺夫斯基 (Jacob Bronowski) 等评论家们把城市的发展和工业改变看做一种不断提升的旅行，会产生越来越多的知识并激发人类所有的潜能去创造一个更美好的世界。然而，其他评论员像保罗·埃利希，特德·特雷纳，比尔·莫利森 (Paul Ehrlich, Ted Trainer, and Bill Mollison) 却认为城市化把我们带上了一条与大自然断绝联系的不归之路，让地球环境受到污染而且不断恶化，并且由于我们建造的城市越来越大，人们之间的感情也越来越淡漠。历史表明，上述两种思想很可能有其道理。但是两派都没有对城市衰退进行深入的考虑，也没有把衰退看做是可以被接受的。[9]

"气候预言家"和"发言人"们在论及石油峰值危机和气候变化的问题时，经常会使用日趋严重的口吻来描述。他们不相信我们有可能创造出本书所讨论的弹性城市，认为这种机遇根本不存在。他们也认为在石油消费的年代，对汽车的依赖、郊区的扩张以及不节能的建筑设计等问题都会变得越来越严重，认为我们的城市和乡村很难过渡到后石油经济时代；实际上，他们只看到了彻底崩溃的潜在可能，这种潜在可能是由于在亡羊补牢阶段仍缺乏有效应对策略而导致的。

如果你在石油危机网站 (oilcrisis.com) 上询问"专家"："以后会怎样？"，他们只会想像着衰退。正如科林·坎贝尔 (Colin

Campbell)所形容的那样未来像是"崩溃的股票市场"和"有史以来最巨大的政治经济等人类社会的大灾难之一"。来自美国地质调查机构的莱斯·马贡(Les Magoon)曾经形象地说过"抓紧了……这次旅程可并不轻松。"[10] 戴维·兰克舍和尼尔·卡梅伦(David Lankshear and Neil Cameron)则建议我们:

> 届时,所有依赖于石油的产品价格都将会上涨。坐飞机将不再是普通市民所消费得起的,而且航空公司也最终难逃破产的厄运。
> 
> 一旦航空公司破产,航空业最大的受益者,国际旅游业就会遭受沉痛的经济打击。那些依靠旅游业的小国家也将会破产。石油价格会以难于控制的速度上涨并会把我们带进一个更大的经济萧条期。[11]

然而以上状况还是他们心目中相对较好的结果,很多网站描述的未来犹如噩梦一般(例如见:www.lifeaftertheoilcrash.net;www.dieoff.com)。共和党议员罗斯科·巴特利特(Roscoe Bartlett)在2005年认识到石油短缺的问题后在国会上曾说过:"众所周知,文明将离我们而去。"像大多数新运动一样,那些能言善辩的顶尖人士总是夸大其词。他们强调问题本身而且没有解决方案,因为他们觉得最重要的事情是提高人们的意识。这些顶尖人士们建议我们做好准备,即便城市和村庄没有崩溃,我们也难逃经济大萧条的厄运。

戴维·霍姆格伦(David Holmgren),朴门学概念的创始人之一,他是为数不多的敢于用"上帝的口吻"讲述此事的人;他把衰败看做是"逐渐死亡":

> 逐渐死亡实际上就是稳定集约式的农业、工业以及文化发展的全面终结——这些已经持续了6000年的文明都将被毫不

留情抛弃在历史的长河中。随之而来的是短时间内巨大的人口锐减,之后的 100 年间人类社会可能退回到类似刀耕火种的生活方式。到那时,由于没有了我们目前的开发能源的能力,地球资源消耗速度将会更快。[12]

严重的石油危机会导致大范围的恐慌和社会衰退。即使是石油产量缓慢下降也能对我们的生活造成不可想象的影响,缺乏应对能力的家庭不得不在交通出行和家庭供电所需的燃料上花费越来越多的金钱。随着美国次贷危机的出现,日益升高的油价正在使人们变得恐慌。来自 Angus Jackson 公司 Energy Desk 委员会的迈克尔·罗斯(Michael Rose)曾说过:"随着信用危机的继续,每个人都会觉得恐慌,对原油和原油产品极小的动作都会让价格飞速上涨。"[13]

从次贷危机中也可以看到整个城市可以在很短的时间内就分崩离析。在 2008 年在《大西洋月刊》的文章《下一个贫民窟?》中,布鲁金斯研究所的克里斯·莱因贝格尔(Chris Leinberger)将一些郊区的衰落归结于次贷危机的影响:"去年上半年佛罗里达州李郡(Lee County)住宅盗窃案上升了 35%,打劫案件上升 58%,那里有 1/4 的房子空着。夏洛特(Charlotte)市的犯罪率在最近几年一直保持平稳——但是从 2003~2006 年,这个城市的 10 个郊区都经历了最高的停贷回赎权的取消率,犯罪案件上升 33%。"[14]

那些搬到郊区寻找更便宜房子的居民当遇到石油价格高速上涨的时候不能调整他们的预算或是生活方式。放弃汽车选择步行对他们来说是不可能的,也没有替代的燃料,他们根本无法给车辆加油。

当城市不能适应这种转变的时候,人群中普遍的焦虑可能会迅速引起恐惧和慌乱。在戴蒙德所描述的情境是对未来的否定,这种否定和悲观情绪会导致社会的瓦解而无力应对变化。在这种恐慌的影响下,像银行这样的机构会因为没人支付贷款而倒闭。到那时,市民们会随着自己的家庭和一些维系日常生活运作的部门而选择迁移或是留下，这个过程中城市能够缓解一定的压力。尽管如此，总有这么一个关键时刻，人们的绝望情绪会导致社会应变能力的彻底丧失。在这个关键时刻，人们只能选择背井离乡，那些不能离开的人们只能生活在恐惧当中。随之而来的是法律和秩序的缺失。直至最后，政府所有的支撑结构都无法正常运转。所有我们所依赖的食物供给、给水排水、废物处理和供热等系统都开始崩溃。当所有城市中的基础设施都处于瘫痪状态时，不言而喻这种未来充斥着流离失所和死亡。因此一位伦敦环境顾问约翰·埃尔金顿（John Elkington）告诫我们"我们必须小心，不要盲目地将否定情绪变成失望情绪。"[15]

尽管对于大部分伴随着廉价石油成长起来的城市郊区来说，它们的衰败是很难避免的，但整个文明社会的完全崩溃确是危言耸听。就像本书中将要展示的那样，在石油依赖性较高的城市，人们正在不断探寻着对于脆弱区域的应对策略，同时在社会的各个相关部门和组织中，人们对于这个问题的觉悟也很快地提高了。上述所讲的改变是否足够之快是不可预知的。事实上很多"早期尝试"的城市正在说明怎样做才能避免衰退（就像第4、5、6章概述的那样）。

## 方案2：乡村化的城市

人类历史上最有意义的变革就是从狩猎－采集为主的社会形体过渡到农业－城市的社会形态——就是科学上所说的新石器时代。新石器时代发生在大约1.35万年前中东地区的冰河时代之后，开始种植某些谷类作物而不再采集天然作物，也开始饲养一些动物。这两种变化对人类有着伟大的意义，那就是使人类可以定居在肥沃的江河流域。城市最早产生于这些农业定居点并且在整个生态区域中和农业生产系统中有着紧密的联系。[16]

一旦人们开始种植和牧养它们想要的东西，他们可以在短时间内创造出盈余的食物并将其储存起来。这可以把一些人从寻找食物中释放出来，使他们来管理定居点和创造新技术。人类一系列的发展机遇都随之应运而生。当人们离开自然的"花园"并且开始建造人类定居点时，城市文明也就开始了。人类的历史表明在全世界范围内曾经存在着很多以狩猎－采集为主要生产方式的社会形态。在这些社会中，人类曾经非常巧妙地从大自然中获取自己生存所需要的东西而不破坏自然。新石器革命始于中东地区，7000～8000年之后美洲也进入了新石器时代。只要人类接触到一个稳定的拥有着富足的农产品和各种城市新技术的社会的时候，他们都会选择从伊甸园中走出来。[17]

虽然我们经常梦想回到过去乌托邦式的生活，但是历史给出了一个明确的答案——我们不能回到过去。大约10000年前，世界变得更温暖和干燥，中东许多最初的定居点由于生态基础的破坏而衰落了。于是人类社会开始从新月沃土（两河流域。——译者注）向东西方向蔓延。正像我们所了解的那样，由于温暖的气候，人类在亚洲和欧洲定居下来并从事农业生产。其中一些新的定居点或是由于人们破坏了当地的土壤，或是对其聚居区的管理不善，或是由于外敌入侵而衰退在历史的长河中。[18]

但是在任何情况下人类社会都不会放弃发展城市而重返"伊甸园"，也不可能回到狩猎－采集的时代。尽管有时候人们会有"野化"的浪漫主义想法，但是人类漫长的历史告诉我们，城市有可能被重建、有可能一直持续下去或者不断成长扩大。无论如何，人类社会不可能回到狩猎—采集的时代。[19]

在应对石油峰值危机的过程中，一个重要观点曾被提出，那就是在我们的城市中创立一种更可持续发展的半乡村化的生活方式，每个城市都有义务在很大程度上为自己的市民提供食物。这个方案看起来就是基于类似以朴门学或者兴趣农场的城郊型农业。在这个方案中多数的需求都能在本地解决，经济发展主体下放到家庭或者小群体。供热所需燃料由当地生长的木材提供。由于这种自给自足的经济模式能够在当地满足市民的大部分需求，人们几乎不需要长

城市的蔓延过程中相互隔离的街区被朴门学者看做是可持续的,因为他们认为这些区域有生产食物的潜能。(供图:蒂莫西 · 比特利)

途跋涉。这便是城市的乡村化方案,有点像中世纪的社会形态,但是带着强烈的个人主义色彩。[20]

例如戴维 · 霍姆格伦将郊区看作是一个发展农业的大好机会,而且认为这种农业即将发生:

"郊区扩张"实际上给我们一些有利条件,独立式住宅很容易改造,周围的空地阳光充足适宜粮食的生长。供水系统也是现成的,那些消耗大量资源而又不生产食物的装饰用花园有着肥沃的土壤和养分,而且我们生活的地方也是农作物最理想的种植区域,那里拥有温和的气候,也靠近大海、城市和广袤的内陆。[21]

然而,此方案却存在着两个问题。首先,它为城市扩张提供了理由,这会占用更多的土地和其他自然资源而且会严重破坏城市未来的适应能力。[22]

第二，此方案限制了我们对能源、水、废弃物和食物产品等诸多问题寻求全面解决方案，而是单独支持个案的解决方法，而且这是很不公平的。城市是个集体单位，应当通过共同有效的方法解决问题以避免高度集中的风险。对于城市中某些地区和某些人来说，他们没办法通过朴门学来创造食物，也没办法管理水和废弃物，乡村化城市的未来对他们来说非常黯淡。

此方案中需要减少很多人口才能维持在一个更加可持续发展的水平。比如在这个方案中澳大利亚的人口将降至 100～200 万，而世界人口降至 10～20 亿，主要因为过早死亡。[23]

这种转变往往在网络上被一些人津津乐道地讨论，特别是和反对城市化、反对人口增长运动结合在一起。这些人经常幻想未来的世界是由乡村化的城市所组成的，通过这种方案他们可以达到他们的目标，也就是让人们的生活更加接近大自然而远离经济全球化所带来的种种问题。[24]

某种情况下，这种世界末日般的观点认为在和谐的新乡村出现之前石油峰值危机会带来一场痛苦的"变革"，这种观点类似于马克思主义或是共产主义的历史观。从这个观点看，根据生态学和热力学的法则，再加上现在石油消耗曲线，变革性的衰落被看做是不可避免的。从改革的废墟当中理想化的乡村式乌托邦便能脱颖而出。

我们不相信完全回归到乡村模式或回复到刀耕火种的生活方式是一种理想的结果，我们也不认为这种情况会出现。我们不相信在广大的郊区盛行的个性化的朴门学会战胜城市的角色。但是郊区化的城市是否有积极的方面呢？

一系列的生态村试验曾经作为有潜力的范例涌现出来，说明了乡村地区生产效率将会更高也更加可持续（见全球生态村网站，gen.ecovillage.org）。现在他们将生态村实验放到了城市中，比如伊萨卡（Ithaca）、纽约、洛杉矶和西澳大利亚的萨默维尔市（Somerville）。生态村是个共同的社区，无论在城市还是在乡村，居民共同分担着社会、环境和经济的发展目标。这些社区的营建

伊萨卡生态村已经发展成为一个城市生态村,它通过立足于社区的方法正在促进城市的可持续性:一个社区共有的,不需要人工加温和降温的食物储存场所(上图)和一个社区住宅(下图)。(供图:彼得·纽曼)

已经在小规模和实用的技术以及社区管理方面做出了一些突出进展。[25] 但问题是在一个新城市中这样的社区应该放在哪儿。

毫无疑问，城市生态村在弹性城市中起了积极作用。但是这种积极作用是有其特殊性的，一是要求人们更加致力于公有生活，一是要强烈强调自给自足。在城市内部结合农业历来就是一种传统，它有着为市民提供大多数农业产品的潜力，尤其是在第三世界。但农业绝非城市最主要的功能，就算是在那些都市农业发展得很好的城市也是如此，比如古巴（Cuba）的一些城市。但是那些城市乡村化的倡导者似乎要把粮食生产作为城市的主要功能。尽管食品在城市中可以通过不同的种植方式来满足城市居民的需求，例如利用屋顶花园、私人园地、社区花园和家庭后院等（就像第4章阐述的那样），还有就是通过专门为城市设计的生态村。然而，无论如何，农业生产不应该成为城市最主要的功能。[26]

还有其他的乡村特有功能被移植到未来的城市中。比如，未来城市发展要更加紧密地结合可再生能源、水资源的利用和废弃物处理等。这些都会转化为更加适用于城市发展的小规模应用技术，而且也会让城市的能源使用更加高效。然而，所有这些都必须是普通百姓都能受益的，从而可以创建一个公平的社会。我们不能让老人、穷人和残疾人自己生产食物和能源，也很难回收利用自己使用过的水及废弃物。当然，每个家庭也都应该作出自己的贡献。[27] 现今，一些高层商业建筑也在很多方面做出实质性的努力，比如能源的自给自足、雨水采集用以冲洗马桶（为此目的有的甚至修改了城市排水系统），同时他们也大大减少了在建设和运营过程中的垃圾（绿色建筑革命的细节将在第4章讨论）。但是在密集的城市中心，这些建筑物仍然需要城市电网的部分支持。虽然这是一项既能够提高粮食产量又能重新利用城市空闲土地的运动，但是在高密度的发达地区这种机会实在是相当有限。另外，这些城市中心区域通常是被城市的传统功能所占据，同时因为它们的高密度这些中心区有着比较完善的公共交通和步行系统。一方面我们提高密度来解决城市的棕地和可持续发展问题，另一方面又要创造更多的空间来解决城市绿色问题，这两者之间的矛盾是困扰我们的真正难题。有人建议可将城市边缘地区和城市走廊的尽端区域逐步演变成更加乡村化的区域（由于石油的减少，这些地区不再适合作为完全依赖私家车的城市边缘居住区）。可以想像，当这一切发生的时候，有一大批城市生态村将占据大部分城市空间。但是实际上，这些城市空间可以用于可再生能源的开发并为城市提供大部分的能源需求；也可以用于研发开采、加工以及回收利用等新兴技术从而促进第六波经济（详见下文）发展；也可以用于城市特殊食物的生产加工。虽然，这种城市乡村化的方案看上去貌似有理而且令人向往，但是从那些正在实行城市乡村化的城市来看，其结果和预期大相径庭。虽然对于独个家庭来说这个方案是相对自力更生的，但是对于整个城市来说，我们认为这并不是可持续的。

朴门学的追随者们的观点和古巴城市的例子相类似。海因伯格（Heinberg）曾经论及在1989年苏联（Soviet Union）解体后古巴如何被迫在几乎没有石油情况下生存，因为前苏联是他们以前主要的燃料供应国。由于高密度开发并且适宜步行的居住区几乎不需要汽车，城市在这段时期相对具有较高的弹性。实际上，这些住宅区现在在食物供给方面承担更大的作用，尤其是蔬菜，蔬菜可以在每一个可利用的城市空地上以及城市周边生长。有些种在屋顶花园，但大多数都在城郊附近。城市种植的蔬菜占整个城市消费比例高达45%，这样可以将食物运输方面的石油节省下来以供航空业使用，同时又可以让居民吃上非常新鲜的蔬菜。[28]

古巴的城市既保留了他们原本的城市功能，同时又增加了蔬菜生产的功能。古巴的城市一直有在商业市场中生产蔬菜的历史。据说巴黎市（Paris）在19世纪早期也利用马粪作为肥料在城市内部的果蔬园内种植蔬菜并将其出口。现今中国的城市还仍然继续着这种功能，这些果蔬园与城市的其他活动是密切相关的。果蔬园自从城市建立那一刻起就成为城市不可分割的一部分，直到今天世界上那些最大的城市仍然保留了一些城市周边区域才有的与食品生产相关的功能。这种功能可以在城市任何地方实现而且应该加以强化。

因为底特律核心城区的人口日渐减少，所以为此提出了农业城市的思想。密歇根大学城市设计研究生教学组主任罗伊·斯垂坎（Roy Strickand）教授说："也许底特律的未来就是由一系列自由开放空间、公园、森林以及城市农场所联系在一起的能够自给自足的社区组成的。"[29] 如果底特律想变成更有弹性的城市，我们建议这个城市乡村化方案需要和城市复兴方案整合在一起。

如果想要牢牢抓住这次由资源紧缺而带来的发展机遇，我们不仅需要日新月异的科学技术而且需要人们的聪明才智和无限的创造力，需要让城市和乡村更和谐地在一起运作——但无论如何未来还是一个让人浮想联翩的城市，而不是一个乡村化的乌托邦——我们毕竟已经离开了"伊甸园"。整个生物区域与其内部的城市要建立一种更加和谐的共生关系，与城市协同发展，不能喧宾夺主。

石油峰值危机给我们的城市和其周边的区域带来了真正的挑战。但是这并不意味着我们的城市会被其瓦解，当然我们也不能把城市乡村化概念看做是让城市分崩离析的反城市化过程；其实城市乡村化在最坏的情况下也就算是一个比较严重的错误决定，如果好的情况下只是让我们对城市的发展稍稍偏离了方向。在城市发展中继续盲目建设那些不可持续的、依赖石油的市郊居住区时，这种方向上的偏离也许能在一定程度上防止我们城市彻底衰败。城市内的生态村其实是城市乡村化的一种表现形式，然而它具有很多优势，我们应该在城市中某些特定部分建设生态村。

## 方案3：分划城市

在分划城市方案中，富人们认为自己有优先选择权，形成了排外的街区，这些街区带有最优化的公共交通和步行系统，可以方便到达的自给自足的社区中心。他们把所有必要的服务设施都建设在自己周边，把所有中心城区的支持机构也都设置在当地方便到达的地方。同样的，在这些独特的地区安装了最好的太阳能设施和能源再利用技术。当石油紧缺的危机威胁到他们头上时，他们开始一点点地退回到他们的生态分划中，他们通过围栏、恶犬、警卫或是最有效的隔阂手段——房价来维护着他们自己的权利。

留给穷人的只有位于城市边缘的廉价住房，几乎没有服务设施和便利的公共交通。供热和其他建筑能源依然依靠石油和天然气或是其他可以找到的资源。他们负担不起其他可替代的能源技术、可替代的交通方式，也没办法迁往别处。很多企业因为远离工人居住区，很难到达而最终倒闭。祸不单行，气候变化对化石燃料的限制加上石油供应紧缺的打击，这些区域将不可避免的衰败。这些依靠汽车的区域很快变得犯罪活动猖獗。乔治·米勒（George Miller）创作的《疯狂的麦克斯》（Mad Max）系列电影生动地演绎了石油峰值危机。在这些故事中由于石油作为生存的关键商品，人们很容易陷入无法无天的帮派争斗和弱肉强食中。在这些内战中（就像在某些发展中国家一样），一面是穷人相当苦难的生活场景和不计其数的儿童被夺去生命，而另一面却是富人们掌握着大批资源，过着舒适的生活坐视不理。这是个充满恐惧的城市。

詹姆斯·拉夫洛克（James Lovelock）曾说："我们要么返回到原始社会，过着靠打猎采集为主的和谐生活，要么将自己隔离在一个复杂的拥有先进技术的文明之内。"[30] 这个未来只是属于那些足够幸运的少数人，他们要么用金钱要么用武力能让自己生活在排外的分划之中。

这难道就是我们的未来吗？然而很不幸的是，有迹象显示，这在某些地区已经成为事实。许多国家已经有了分划城市，但是南非一些城市却给了我们一丝希望。[31]

自给自足的城市分划最早是在20世纪80年代以封闭式社区的形式出现的，至今我们仍可以在一些新城市主义的开发中看到。

新城市主义的规划方案要求是适宜步行，高密度发展和商住

洛杉矶带有武装警卫的封闭社区。（供图：彼得·纽曼）

两用型社区（在概念上完全与本书中提到的方法相结合）。因为这些社区吸引的是那些想生活的更加可持续发展而且可以负担得起的人，所以一般来说这些社区是比较排外而且让人向往的。尽管新城市主义者宣称要建设经济适用房并结合美国政府的"希望之六（HOPE VI）"计划（旨在重建被毁坏的公共住宅计划，使它们成为高密度、适宜多种收入的家庭并且适宜步行的社区。），然而真正能够做到社区收入多样性的项目少得可怜。新城市主义的项目大都选址在那些适宜步行的优秀地段并且配备了良好的公交系统。那些备受追捧的开发项目只是着重强调了它们如何降低了对汽车的依赖；如何开发利用太阳能建筑以及其他生态特征。[32]

城市中不同人口的分裂问题还需要长时间的学术研究。虽然向城市移民的农民数量正在日益减少，但是纵观过去几百年历史，城市还是吸引了很多乡村的穷人，因为城市为他们提供更多的机遇。城市穷人虽然比起其他人来说会比较贫困，但是他们比起乡村的穷人来说生活还是优越一些,因为大部分资源还是集中在城市中。在分划城市方案中,穷人会继续生活在城市边缘的半乡村地区,对他们来说搬到城市中心花费太昂贵了。富人住在步行方便,距离工作地点很近、服务设施便利的商住两用型社区里。处在半乡村地区的穷人会继续依赖日渐减少的石油作为交通燃料。全球范围内很多城市都向我们展示了富人所居住的城市分划和穷人所居住位于城市边缘的贫民窟之间是怎样的天差地别。[33]

在澳大利亚,越来越多的穷人被孤立在只能依赖汽车才能生活的城市边缘的迹象是一目了然的。由于北美的社会政策的焦点开始转向在廉价土地上建造经济适用房,这种迹象在北美也日益明显。政策的重点还没有转到在适宜步行、交通方便的城市区域建设经济适用房的方向上来。新房子价格如果不需要超过家庭收入的30%,通常被认为是可以负担得起的。但是到2005年,超过1/3的美国家庭在住房支出上的花费有所增加。但是传统的计算住房成本的方法是不包括交通费用的,所以比起今天高房价的城市中心来说,居住在偏远的郊区看起来比较划算。但是真正的住房成本(区别于独立的环境成本)需要考虑家庭的交通支出,特别是在石油供应日益减少的时代。[34]

一份由布鲁金斯社区技术与公交导向发展研究中心(Brookings Institution Center for Neighborhood Technology and Center for Transit-Oriented Development)2006年所做报告表明,根据地区的不同,居民出行成本差别非常巨大。从全国来看,出行成本已经是家庭支出中仅次于住房的第二大支出。出行成本所占家庭总支出比例由发达地区的10%到一般地区的25%(该报告是衡量市民能否负担所选住房的新工具的一个部分)。在2006年,家庭平均在房屋上的支出占收入的34%,第二大支出交通出行,占全部的18%。如果石油价格继续走高那些主要依靠汽车的城区周围的郊区社会将会衰退,像亚特兰大和休斯敦这样的城市郊区会加速瓦解,而紧密型城市和有其他替换交通方式的城市弹性会大些。[35]

世界将怎样应对城市的高燃料消费呢？对于相信分划城市的人来说，很重要的就是石油要分享给那些最需要的人。我们从美国的20世纪60年代看到的情况却恰恰相反，那些负担得起的人逃离到郊区。但是那些有足够财富的人会搬到没有石油也会生活的更好的其他城市或者城市的其他地区。越来越多的分划城市将安装电子监控设备或者武装保卫。这会是个充满恐惧的城市。

可以在工业城市中看到分划城市的一种模式，例如美国的底特律、费城和英国的利物浦。利物浦几乎完全地衰退了，人口下降到1920年的水平，留下来的人口70%是由于有经济利益。底特律和费城由于传统的制造业基地迁移到海外，又不能足够快速的适应新型的信息经济，人口同样巨幅降低。这三个城市都是分划模式的集中表现。那些参与到原先掌握制造业的资本家们都出奇的富裕，而没有参与的人就生活在贫困和肮脏之中。在那里，现在整个社会都面临着没有就业机会的问题。在那里留下居住的人只有靠他们的精打细算和社会福利存活，但是仅靠这两点是明显不够的。这三个城市已经开始为城市地区寻找不同的发展侧重方向，以求扭转目前的窘境。[36]

石油供应上的不平等加上日益紧缺的石油供应已经成为而且将继续成为城市之间或者国家之间发动战争的基础（日本由于被切断了石油的供应而引起了第二次世界大战）。如果城市不对此作出有效的应对，那么石油战争可能将继续施虐全球。

如果城市对未来的发展是基于短期的市场利益，这将迅速导致城市的分裂。所以要想塑造一个远离石油的市场经济体系，有一个长远的眼光和渐进式的战略规划是十分必要的。长期以来对于城市衰退的预言带给我们深切的恐惧而且给城市带来不安定的阴影。因此我们必须尽快让人们相信并且要让他们看到，弹性城市是如何取代濒临衰退的城市。

## 方案4：弹性城市

　　生态分划的方案只为富人提供燃料和替代能源及可持续的建筑，而在弹性城市方案中，这些都会为所有市民提供。人们将可以通过公交或是步行到达工作地点和服务设施，也可以使用电动汽车作短途的交通工具。城市之间的来往交通将由于新一代高质量的互动视频会议而大量减少，其余的将通过快速电动轨道交通来完成。绿色建筑设计和再生燃料将成为每个社区的一部分。城市将发展新的轨道交通连接城市的各个部分，将在整个城市区域内用最好的绿色建筑和基础设施建设适宜步行的城市中心和次中心。在集中发展的交通中心和城市走廊之间建立生态村来帮助管理城市的生态功能，例如可再生能源的生产、水和废弃物的回收利用；这些生态村通过智能控制和本地管理系统与城市范围内的绿色基础设施体系相连。城市生态村也会种植专门的农业产品并丰富城市的生物多样性，虽然这些生态村落是位于合理的城市供给范围之内，但是实际上在很大程度上它们可以自给自足。

　　城市周围的乡村地区大部分农产品和林产品都集中在食品、衣料纤维和城市所需要的生物燃料，从而减少食品和衣物纤维的运输路程。产品的生产将变得更加本土化而且更加生态从而促进对石油的取代。生产货物的城镇可以通过货运铁路和城市连接。在资金支持下研发出的利用天然气和氢气的新技术将使采矿业和旅游业显著减少燃料消耗量，并增加更多当地的就业机会（比如新一代的飞艇，它能安静地飞翔于本地区以及较偏远地区的上空，但所使用的燃料只是飞机的1/10）。

　　这并不是简单的改变，而且毫无疑问这将是一个非常困难的转变。这种转变被看做是工业产业的第六次浪潮，因为它是工业社会朝着新兴技术产业重新定位的一个过程，也是我们重新思考如何管理组织城市的过程。每一次浪潮都会发生不同的技术革命，并采取不同的形式（见右页图）。[37]

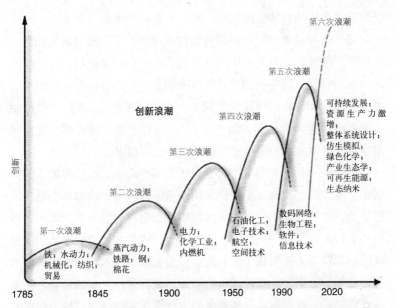

形成城市的工业主义连续波形，工业化的连续的波动是发展造就了城市形态。（供图：哈格罗夫斯和史密斯，2005 年）

第一波经济浪潮中崛起的城市大多是传统的步行城市，有些使用马匹和车辆。这些城市开始沿着河流和运河发展新型工业，使用的是水力技术。第二波经济浪潮是在蒸汽机和钢铁时代城市沿着铁轨展开的。欧洲许多城市仍保留这种走廊式的城市形态。这些城市都是沿着电车线路采用线性的发展模式。在第三波经济浪潮时期，电子技术和内燃机成就了电力轨道交通的建设，特别是在美国的新兴城市中尤为突出，比如洛杉矶就曾拥有当时世界上覆盖面积最广的公交系统。到了以廉价石油为主宰的第四波经济浪潮，尽管没有形成新的城市的类型但是汽车和公共汽车开始出现，这使得城市得以蔓延和扩张。因此就造成了汽车城市，也是今天使我们面临化石燃料短缺问题的元凶之一。网络和数字技术为主的第五波经济浪潮已经取代了城市中老的工业制造业为产业中心的地位，因此有助于减缓城市扩张并刺激这些老工业基地的更新。然而第五波经济浪潮仍然依靠廉价的石油使汽车进一步主宰着一些城市。

第六波经济浪潮出现在廉价石油的尾声。第六波经济浪潮是一个新时代的开始，这是个讲求资源效率的时代，也是投资可持续发展技术的时代，这些新的可持续技术涵盖了分型性城市、小型水力发电、能源和废物的回收利用等多个方面（第五浪出现的智能控制和智能电网也将会在第六波中完善），所有的这些技术都会促进城市本地化自给自足的进程也会降低对燃料的需求。

所有的一切意味着城市将变得更加多中心化。在所有城市的扩展中，城市群的交通系统往往采用快速地跨城市运输的新型电动公交系统，这些公交系统与市区内部的小型电动和混合动力汽车、步行和自行车所组成的交通系统紧密相连。这些多中心的市区和保留郊区的建筑都需要用属于第六波经济的太阳能技术和其他生态技术加以更新。很明显，弹性城市需要的不仅仅是技术上的更替，还要在产业结构、提供基础设施服务的市政文化和能够促进城市管理的市政机构组织模式等诸多方面进行变革；而且每一个家庭都要参与其中。

弹性城市也要求城市经济活动的各个方面都进行改变。

## 结论

这四个方案展示了减少石油供应后的所有可能结果，以及认识气候变化对城市影响后必要的反应。很明显我们倾向于弹性城市的方案，这是保护支撑地球生命的大自然的唯一选择，石油短缺和碳税增加对其影响不大，而且对市民来说是一个公平公正的方案。衰退显然不是一个令人信服的选择；基于个人朴门学的乡村化城市由于低密度社区的展开可能会破坏自然环境，并且消耗更多自然资源，而且容易导致更多的争夺现存资源的战争；分划城市使得除了富人以外的所有人的福利大打折扣。

过去几百年的工业化给了我们一些辨别能力，我们已经成功适应了工业化变革，而这次我们依然可以胜任。这是一个能够让人们对城市发展还能存有希望的伟大的试验。弹性城市方案不是一个轻松的选择，但它是面对未来的唯一经得起考验的选择，也是充满希望的唯一选择。所以剩下的问题就是，我们应该如何开始弹性城市的建设旅程呢？

# 第4章
# 弹性城市的美好愿景：城市环境

弹性城市到底什么样？自行车小路，联系着太阳能住宅和杂货店以及娱乐设施之间没有汽车的街道，还是指联系较远区域免费的轨道交通体系；或者是一个第六波经济的太阳能办公区；或者还有可能是学生家长用自行车接送学生而不是汽车；或者是一个出售当地生产的农产品的市场。

这些在德国（Germany）富莱堡（Freiburg）的沃邦（Vauban）都是很常见的景象。沃邦是一个在前军事基地上发展起来的拥有5000户居民的小镇。它被看做是生态社区的典范并且吸引着越来越多的经济学、健康学等学科的学者。目前，汽车依赖性的环境成本成为了主要的研究目标。[1] 沃邦提供给居民很多激励措施（比如免费电车通行证和拼车）和抑制措施（比如位于城市边缘才有并且极其昂贵的停车位）来实现无车生活（在那里已经出台一项抑制汽车使用的措施，即每加仑汽油的价格上涨到8美元）。在沃邦，汽车拥有率大概是每千人150辆，相比美国的平均每千人640辆是非常低的。[2]

城市如何才能实现弹性？成功的例子已经说明了通往弹性的步骤，就像如下将要叙述的，弹性城市的实现包含了有远见的民众以及他们追求的可持续发展的生活与交通模式、创新的经济模式和有力的政治领导层所提供的，为了实现更宜居更可持续的生活环境而创立的激励措施与规章制度。

在前面的章节中，我们概述了一些弹性城市的总体主题。下面

弹性城市的美好愿景 63

沃邦是一个没有汽车的生态村落,在那里设立了适应可持续发展和太阳能的新的城市建设标准。如上图所示 PLUS-ENERGY-HOUSE 能提供比日常需求还要多的能量。
(供图:CABE/Alex Ely)

我们将详细阐述弹性城市的建筑环境中的七个关键要素问题。

1. 可再生能源城市。从区域到单体建筑的各个层面,城市都将使用可再生能源技术。
2. 碳中和城市。每个家庭、社区以及办公区都将实现碳中和。
3. 分散性城市。城市将从大型的中央化的供电系统、供水系统和废物处理系统转变为小型化的以社区为基础的系统。
4. 光合作用城市。开发再生能源并且在当地解决食品和衣物供给的潜在能力将成为城市绿色基础设施建设的重要组成部分。
5. 生态高效城市。城市群及其周边的区域将从线形转变成环状的封闭系统,从而相当数量的能源及原材料需求可以从废物再生系统中得到。
6. 基于场所的城市。再生能源是建设当地经济的和培养居民归属感的有效途径，将在城市和区域的范围内成为更加广泛的共识。
7. 可持续公交城市。通过提供可步行的、公交导向型方案，以及完善电动汽车服务体系等手段，城市、社区和区域都将以节约能源消耗为设计原则。

## 转变为弹性城市的七个要素

然而没有一个城市在这所有七个领域显示出创造力，虽然有些城市在其中一两个方面取得相当成就。通过结合新技术，城市设计和社区更新等手段，实现所有弹性城市所要求的特征，将希望变为现实将是一项非常大的挑战。

**可再生能源城市：从区域到单体建筑的各个层面，城市都将使用可再生能源技术**

脱离对化石燃料的依赖，很大程度上需要城市本身，即在整个市域范围内大大小小各级城市政府机关做出统一的承诺。这种影响力是相当可观的，特别对于那些地方政府都能参与进来的大城市来说。

对于弹性城市来说，他们会意识到弹性的各项要求，比如将公共交通和太阳能利用联系到一起。所有我们的公交发展决定与投资都应该看做是向着低石油依赖及可再生能源性城市的转型契机。例如，加拿大卡尔加里公交系统创造性的启动了"乘风"计划，这项计划可以通过位于南艾伯特的风力发电机为它的轨道交通系统提供所需的电量。在降低石油依赖度和气候变化的冲击方面，公交系统是一个相当重要的方面。本章的最后一节以及下一章都要单独论述公交系统。

虽然目前一些太阳能城市计划正在进行当中（包括 2008 年开始动工的位于波斯湾马思答城（Masdar city）），但是世界上还没有一个大城市完全地使用可再生能源。澳大利亚伯斯市一项新的发展项目被称为"北港码头"，在此项目中将有 10000 居民计划不使用传统能源（见 www.northportquay.com.au）。

在建设必要的太阳能、风能等能源基础设施来为城市提供能源的问题上，强有力的政治支持是必需的。虽然，在城市附近找到合适的地点建设大型的风力发电厂经常存在争议（比如在马萨诸塞州科特角（Cape Cod）海岸上大型风力发电站的提议并没有获得通过），但再利用太阳能和风能的机会还是相当可观的。

2005 年斯坦福大学的学者研究出一种关于风的地图，可以用来定位建设风力发电站的最佳位置。这项研究发现北美洲在利用风力发电方面有着非常大的潜力。他们还发现世界上风力最强的位置是北欧的北海区域、南美洲的最南端以及澳大利亚的塔斯马尼亚（Tasmania）岛等地，在这些地方，刚好在风力发电机涡轮叶片高度处，有着非常强而且持续不断的风能可以转换成巨大的电能。[3] 美国能源部报道称，到 2030 年，风能发电将占到全美国所用电量的 20%（当前风电只占到 1%），由此也可以降低 25% 的碳排放。[4] 目前，还有很多新的研究致力于如何能将小型的风力发电装置安放到单体建筑之中。正如研究者克里斯蒂娜·阿彻（Cristina Archer）所说，"这些研究的主要意义在于风能发电，这种低成本的发电装置，应该广泛超过我们之前对它的认知程度。"[5]

水力发电在一些城市中应用已有几十年的历史，比如加拿大不列颠哥伦比亚省（British Columbia）的温哥华市（Vancouver）和新西兰（New Zealand）克赖斯特彻奇市（Christchurch）。一些人更加看重建设大型水坝来开发水力发电的潜力，实际上在同样的条件下地热能似乎也可以提供相同的电能。

世界范围的部分城市参加了 2001 年举行的太阳能城市会议

并且共同启动了太阳能城市计划。其中之一便是南非（South Africa）的开普敦市（Capetown）的城市综合环境政策（Integrated Metropolitan Environment Policy，简称IMEP）。在这项计划中的能源策略是定位城市将在以下几个方面处于领先地位，"通过可持续发展的途径来满足城市的能源需求；每个人都能享受到廉价而健康的能源服务；能源使用将是非常高效的，公共交通也同样是高效和平等的；同时还强调了公交体系和紧缩规划的重要性"。这项计划的目标中包括到2020年，全市10%的能源供给将来自于可再生能源。另外一些城市，比如澳大利亚南澳州阿德莱德市（Adelaide），通过在10年内建设4个大型风力发电厂而使得城市的可再生能源在全市的能源供给比例中从没有增长到20%。[6]

另外还有些可再生能源城市的例子，比如韩国（South Korea）的大丘市（Daegu）。大丘市正在进行一项总体规划，致力于整合利用再生能源和可持续城市发展。该市在2002年设立了大丘市太阳能城市中心来开展研究，募集资金，并且整合当地政策以适应太阳能的开发与利用。在2004年大丘市通过了当地的能源法案，其目标是："提升能源效率和能源政策的参与度。"[7]

一些城市渴望成为"太阳能城市"，通过一系列的政策并且采取了一系列行动来提升太阳能及其他可再生能源的开发。这些努力证明了城市在未来创建可再生能源中所扮演的重要角色。很大程度上讲，这是一种新的理解方式。可再生能源产品可以而且应该在城市中广泛应用，结合城市的用地布局和城市形态，并且应该成为城市经济中重要而且意义深远的组成部分。城市不仅仅是能源的消耗地，而且应该成为可持续能源发展的催化剂。城市可以成为地球上太阳能循环的重要组成部分。

从传统城市向可再生能源城市的转变可以通过多种途径实现：通过太阳能住宅和低能耗住宅的实例向建筑师、开发商以及广大市民展示绿色建筑将是很可能实现的（比如芝加哥和德国的弗赖堡）；在区域内用风能及其他可再生能源为城市的照明和建筑用电提供能量（美国加利福尼亚州圣莫尼卡市（Santa Monica））；在当地的学校和其他公共场所提供本地及周边区域生产的食物（美国的圣弗兰西斯科市正在朝这个方向努力）；设立绿色建筑标准来强化公共及私人建筑的可再生能源应用［很多城市，比如西雅图和芝加哥目前都在新建公共建筑上实行了"领先能源与环境设计(Leadership in Energy and Environmental Design，简称LEED)"的绿色建筑认证体系］；还有些城市（如纽约）采用更高的建筑设计准则来实现可再生能源目标。超过100个的美国城镇都为公共建筑制定了相应的绿色建筑标准，其中一些城市对私人建筑也采用了类似的准则。比如洛杉矶市目前要求所有的超过50000平方英尺的私人建筑都要达到LEED标准。[8] 再比如圣弗兰西斯科市正在逐步要求所有新建的商业和高层居住建筑都要采用太阳能发电系统、无毒涂料和节水材料等。[9]

上面介绍了很多绿色建筑的创新举措，这些充分说明了实现可再生能源城市的最佳时机已经到来。在建筑层面结合必要新技术是相对比较容易的，这些设计创新也在销售和降低成本方面得到了验证。清洁能源同时最大限度地降低建筑的碳足迹。我们将在下一节"碳中和城市"中详细探讨绿色建筑的问题。

城市可以承保并资助太阳能及其他可再生能源部门，就像芝加哥所做的那样。巴萨罗纳也在市政厅的两栋主要建筑的屋顶上安装了太阳能光电板（PV）系统，澳大利亚阿德莱德和墨尔本市也已经在特定区域的市政建筑上安装了类似的太阳能收集装置。位于墨尔本市中心的CH2办公楼可以看做是一个应用可再生能源的范例。澳大利亚政府有一个太阳能城市计划（Solar Cities Program），此项计划在全国范围内为那些城市中的太阳能示范区提供资金支持。通过激励措施或者强制指令来推广可再生能源的应用，城市可在多个方面从中受益，比如可再生能源技术可以刺激经济增长（例如降低PV板的生产成本），并且能够吸引更多的私人投资，同时还能够提升公众在能源问题上的参与度。通过一些简单的行为，比如让消费者清楚了解自己的能源消耗状况以及提供更多的能源供给选择，都会让民众支持可再生能源的开发和利用，也有利于节约能源。例如，美国卡罗拉多州的博尔德市正在投资建设一项名为"智能电网（smart grid）"的项目，该项目利用宽带技术检测整个城市的能源使用，并且提供给用户更多选择从而使他们的能源使用更加高效，用户可以根据情况选择不同的电力来源（其中包括风能发电、太阳能发电和火力发电等）。[10] 在澳大利亚珀斯市一项名为"智能生活"（Living Smart）计划让能源专家到各个家庭中去评估他们的电力使用、水资源利用、废物处理以及出行情况，并且为他们提供优化选项；在得知他们的投资在不到10年后就能赚回来后，其中的很多家庭都选择安装 PV 板。这样一来，平均每户家庭减少大约1.5吨的温室气体排放。[11]

部分城市一直致力于探索和深化可再生能源城市的概念，比如德国的弗赖堡市便是其中之一。被很多人誉为欧洲生态之都的弗赖堡市已经采用了一整套令人印象深刻的环境规划和可持续发展举措，其中很多举措都是针对可再生能源问题的。通过一项名为"弗赖堡太阳能区域"（Solar Region Freiburg）的项目，这个城市已经开始支持太阳能产业作为城市经济基础的一项重要组成部分，其中就包括将其列入当地的旅游开发项目当中。他们组织了一系列的"太阳能旅游"，比如一条旅游路线就是参观和学习城市中具有创新意义的太阳能工程。这样的工程项目在城市有很多，有独立私人住宅（比如 Rolf Disch 的向日葵住宅），也有实验性住宅范例（比如弗赖堡零能住宅项目），商业设施（比如零排放太阳能工厂，太阳能塔和高层办公楼）以及其他大型公共建筑和装置。同时弗赖堡市也成为很多科研和教育机构的基地，其中就包括弗莱恩霍夫太阳能研究所（Fraunhaufer Solar Institute）和国际太阳能协会（International Society for Solar Energy（ISES））。弗赖堡市一直采取各种措施来支持这些研究机构，比如他们资助国际太阳能协会（ISES），帮助他们租用一栋城市所拥有的历史建筑作为其研究中心。弗赖堡市是能够意识到吸引第六波经济和技术专家会给他们将来的发展带来巨大人才优势的少数几个城市之一。

此外,弗赖堡市在所有新开发的主要区域中都结合了可再生能源,包括丽瑟菲尔德(Resielfeld)和沃邦(Vauban),这些都是新的、紧缩型绿色社区,而且都装备了主动和被动太阳能技术。同时,弗赖堡市对每家每户都实行了相当严格的能源标准。在沃邦,所有的家庭都能达到低能耗,很多都安装了太阳能电池板。沃邦同时也以其"plus-energy"建筑引以为豪,"plus-energy"是指自己产生的能量超过其实际需要的,比如一栋太阳能综合办公楼和两座太阳能停车楼。沃邦的热电站使用的也是废弃木料。

弗赖堡市中心的维多利亚酒店目前标榜自己是世界上第一座零排放酒店,其声称酒店运营所需的所有电能都来自于可再生能源,包括太阳能。该酒店还为顾客提供其他很多针对环境保护的服务,其中就包括为顾客发放公交卡,让顾客可以体验弗赖堡知名的公交系统。

在美国,也有很多城市可以称得上是支持(通过财政支持和激励计划)可再生能源技术发展与应用的优秀典范。比如得克萨斯州的奥斯汀市设立了一项到 2007 年生产 15 兆瓦太阳能电量的目标,并且通过市属的非营利能源公司向那些在屋顶安装 PV 系统的用户提供相当慷慨的税费减免(在 2007 年其退税率为每千瓦 4 美元,对未盈利机构则为每千瓦 4.5 美元)。这些资助大概相当于安装光电系统的 45%~75% 的费用。同样的,该市还为那些安装太阳能热水系统的用户提供低息贷款和减免税费政策。

圣弗兰西斯科和芝加哥也都在其公共建筑的屋顶安装光电系统(其中最著名的是圣弗兰西斯科的莫斯克尼会展中心(Moscone Center)和芝加哥绿色技术中心(Center for Green Technology))。莫斯克尼会展中心的太阳能电池板的资金来自于一项由选民提倡并与圣弗兰西斯科公共事业管理局合作的项目。这个光电系统每年为大约 550 户的居民提供电能。芝加哥的绿色技术中心是美国 LEED 认证的白金级建筑。作为该建筑的水处理的一部分，其中一个依靠太阳能供电运转喷泉的用水都来自于屋顶采集的雨水。在加州的萨克拉门托市（Sacramento），停车场和公园建筑的屋顶上都安装有新型的光电板系统，最近萨克拉门托市动物园的一栋建筑屋顶也安装了该装置。通过萨克拉门托市政公共区（SMUD）的"太阳能社区"项目，所有用户都要为这些光电系统的安装付出适当的费用（目前是每度电须多交纳 1 美分）。这些城市也都采取了很多措施在公共建筑和设施中降低能源的消耗（比如说，将交通灯转换为 LED 灯，升级公共建筑中的灯光）。[12]

澳大利亚的阿德莱德市也将太阳能城市定位为自己的发展目标，作为其绿色大都市革新的一部分。在阿德莱德首府城市委员会（Adelaide Capital City Committee）的倡导下，城市中很多在碳中和策略，太阳能应用等项目中所付出的努力都得到了回报，例如北台地太阳能区（North Terrace Solar Precinct）规划建设了 4 个政府建筑——南澳博物馆、美术馆、州立图书馆和国会大厦的屋顶光电系统。该市的太阳能应用计划最早是由一项名为"太阳能都市计划"的项目资助的。市政府和州政府联合提出了太阳能学校的倡议，其目标是建立 250 所太阳能学校（学校的屋顶都安装有太阳能发电装置，并且教授与太阳能和可再生能源相关的课程）。此项计划已经被联邦政府所采纳并且准备在全国范围内的学校推广。更具创新意义的是，该市安装了与城市电网相连的太阳能光电路灯体系，该系统所产生的电量数倍于城市街道照明所需用量。这种新型路灯的造型非常独特，像澳大利亚小桉树一样（一种本地特有的桉树）。所以，这些路灯也被称做太阳能桉树。这是太阳能艺术或者具有场所感的太阳能项目中一个例子。

除了一些奖励计划（资金或者其他），可再生能源城市意识到设定一些最低标准也是非常必要的。比如，巴塞罗那市一项太阳能法案规定所有新建建筑或者实质性的现有建筑更新都必须满足 60%的热水来自于太阳能。在城市范围，这项法案已经使太阳能热水器

芝加哥绿色技术中心屋顶的太阳能电池板和芝加哥的天际线。(供图：蒂姆·比特利)

的安装数量有了明显的增长。

在澳大利亚新南威尔士州的悉尼市要求所有新建的房屋必须满足比普通房屋减少40%的温室气体排放（最初是20%，后来发现这个目标很容易实现，所以后来改为了40%）。同时还要求日常用水降低40%。

**碳中和城市：每个家庭，社区和商业区都是碳中和的**

2007年，新闻集团的首脑鲁珀特·默多克（Rupert Murdoch），这个世界上最大的媒体集团的首席执行官，宣布他的公司将碳中和。此项决定已经引导了公司内部相当显著的技术革新，很多都使得他们在很多领域成为全球领先，比如在能源效率、可再生能源和碳抵消等方面。

很多企业、大学和家庭都在极力降低他们的碳足迹，有的甚至达到了碳中和。(查尔斯王子 (Prince Charles) 也宣称自己的家和慈善组织已经达到碳中和)。但是，整个社区甚至整个城市能否也达到碳中和呢？

使城市环境达到碳中和需要三个步骤：

- 尽可能地降低能源使用，特别在建筑和交通运输方面；
- 尽可能地使用可再生能源，同时也要防止在可再生能源应用过程中产生的温室气体排放；
- 通过购买碳信用、植树或者资助可再生能源计划来抵消剩余的碳排放。

近些年出现了由个人或相关组织倡导的提议，他们关注于如何帮助城市实现他们的目标，比如国际地方政府环境行动理事会 (International Council for Local Environmental Initiatives)，美国建筑 2030 (Architecture 2030)，以及克林顿基金会的 C-40 气候变化倡议等。正如先前提到的，很多大城市已经推行了激励计划或者强制要求以达到绿色建筑标准。在建筑层面结合节能减排技术正是方兴未艾之时，主要是由于这些技术相对比较容易和新建筑结合在一起并且其投资回报已经得到了验证（不仅是在能源节约方面，还反应在绿色建筑中工作人员效率相对较高，病假也相对较少）。[13]

通过建设和翻修绿色建筑使它们更加高效，北美的碳排放可以降低 20%。就像《美国科学人》2007 年的一篇文章报道的，"绿色建筑可能是代价最低的减缓全球变暖的方法"，"在北美洲，家庭、办公以及其他建筑每年释放到大气层中 22 亿吨的二氧化碳，超过了整个大洲三分之一的温室气体排放。"[14]

全球绿色建筑标准的细节不是本书的讨论范围。但是还有必要提及一下新南威尔士州 BASIX 认证系统 (www.basix.nsw.gov.au)。这是一项天才的创举，它不仅是基于网络的，这样就省去很多文书工作，同时该体系还是根据大量的规划在设计实践中总结出来的。那些希望能都达到 BASIX 认证标准的业主们需要选择新材料和新技术并且使自己的设计能够结合这些新材料和新技术。此项认证实行两年后，房地产市场就发生了很大的变化，那些传统的黑屋顶、没有屋檐和门廊、朝向很差并且安装了大型空调的房子都渐渐消失了。

根据相关数据显示，BASIX 认证体系在十年内已经为州政府节省了大约 800 万吨的二氧化碳排放和 2870 亿升的水。此项系统已经扩展到所有加建和修缮项目中，可惜的是目前还不适用于高层建筑。[15]

与英国 20 世纪 90 年代推出的 BREEAM 绿色建筑标准相同，美国绿色建筑协会（USGBC）也创建了一套比较成功的非强制系统来检测建筑能源的节约情况和环境"指数"，这些建筑包括商业建筑、学校、居住建筑、商店，以及室内设计和居住区规划（目前处于试验阶段）等。虽然在美国的系统中，很多人批评"领先能源与环境设计（Leadership in Energy and Environmental Design 简称 LEED）"体系中缺少对不同地理环境的调整并且对于旧区改造的激励相对较小，但这系统创建的绿色建筑评估标准有着不可估量的意义。一项加拿大的评级体系，"绿色地球"（Green Globles）设计地更为简单而且容易操作，已经被一些美国团体和州政府所采用（www.green globes.com）。

实际上，我们所说的零能建筑及零能住宅在各方面都远远超过所有绿色建筑评级体系的最高标准。过去的 10 年内，一些在荷兰、丹麦和德国的零能建筑已经成为很多国家和地区，包括北美在内效仿的范例。2006 年，在美国，一个名为"零能耗"（Zero-Energy）的社区在萨克拉门托市成立。预计该社区的居民与传统供电方式的同类家庭相比，在电费上将会节约将近 70% 的费用。[16]

总体来讲，美国和欧洲的最主要区别在于欧洲国家政府在绿色建筑标准制定与要求方面投入的更多。在欧盟国家中，有一项基本

绿色建筑是碳中和城市的基础。上图，CH2 墨尔本城市议会大厦（供图：墨尔本城市主页）；下图，圣地亚哥（San Diego）SOLARA（供图：蒂姆·比特利）。

伦敦市贝丁顿零能耗社区（BEDZED），英国第一个碳中和规划。(供图：蒂姆·比特利)

的绿色建筑标准。同时每个国家也有自己的标准和要求。例如，德国就要求在建筑中工作的雇员工作区域不得超过离自然光照射区域10英尺。

澳大利亚很多太阳能建筑，比如澳大利亚联胜集团（Lend Lease）总部大楼（30 The Bond），发现他们的建筑竟然成为吸引优秀毕业生的一种途径。墨尔本的CH2城市议会大楼（The CH2 Melbourne City Council building）花费了5000万美元建成，又在节能节水及废物处理等新技术应用方面花费了1200万美元（这栋建筑被授予了六星级等同于LEED评级体系的白金级别）。预计其建设成本要在15～20年后收回，单是一项关于工作效率的研究发现，其员工的工作效率增长了10%以上，因此会让业主提前收回建筑成本。[17]

悉尼的麦夸里银行（Macquarie Bank）迫于其年轻员工的压力决定将他们新的总部某些部分建设成为绿色建筑。目前来看，这栋建筑将成为悉尼市第一栋六星级的商业建筑，这也说明了就算是在银行业内部，这种基于群众的设计过程也可以提高资源生产率，这对于我们未来的城市来说是必需的。[18]

很多市长们承诺要降低他们城市的碳足迹，实际上贯彻执行这类政策其实很困难，因为这远比在单一建筑层面降低碳排放要复杂很多。虽然如此，我们还是能从众多成功的案例中看到希望。其中之一便是贝丁顿零能耗社区 [Beddington Zero Energy Development (BedZED)]，这是英国第一个碳中和生态社区规划。在这里，一种由绿色公寓和工作居住一体化单元所构成并且靠近火车站的新型社区，在大伦敦的萨顿市（Sutton）阐述着"太阳能城市主义"新理念。一旦你看到那些洒满阳光的公寓、不同寻常的屋顶花园（空中花园）以及其他很多印象深刻的特征，比如社会住宅的分配方案、可持续住宅及生活用品的相对热销场面等，你就会明白这绝对不是一项为了达到碳中和而牺牲一切的居住区规划。通过这样一个零能耗、碳中和的社区规划与建设，贝丁顿将舒适、高品质的生活概念发挥到了极致，绝非我们想像生活品质会因为降低碳足迹而有所下降。根据估算，生活在这里的居民可以降低其生态足迹到原来的三分之一（将会是美国居民的一半还少）。

通过2002年伦敦市贝丁顿零能耗社区的建设，英国政府宣布到2016年所有英国的城市规划项目都将达到碳中和，这项计划将从2009年开始实施。伦敦市长要求大伦敦区下属32个市镇都要在2007～2008年之间建设碳中和示范区，其中很多已经在建设当中。每一个英国的地方政府都需要制定一套碳中和策略（Carbon Neutral Strategy），在其中将展示他们如何在未来降低碳排放。

瑞典（Sweden）的马尔默市（Malmö）已经宣布他们已经成为碳中和城市；瑞典的韦克舍市（Växjä）也已经宣布他们将要成为一个无化石燃料城市；还有英国的纽卡斯尔（New castle）和澳大利亚的阿德莱德也是积极朝着碳中和城市的目标发展。这些城市都在利用开发可再生能源，朝着可再生能源城市的目标而努力。在澳大利亚，很多城市的汽车管理部门都对碳排放和其他温室气体排放收取相应的补偿费用,这笔钱将用于植树和组织绿色环保车队(Green Fleet),到目前为止用这笔钱已经种植了大约200万棵树。一些运输公司和航空公司也提供了碳中和服务,一些学校,比如南弗里曼特尔高中(South Fremantle High School),还有许多企业比如新闻集团(News Corporation)都承诺将成为碳中和。在澳大利亚,碳补偿是被公众认可的。通过联邦政府一项名为"温室与环保(Greenhouse Friendly)"的政策来保证所有补偿资金都到位并且真正用于植物种植。 根据京都议定书的要求,此项政策在至少70年内都有效。很多来自碳补偿项目的资金用于城市周边生态区域内的生态系统修复和植物多样性的建设。

除了能够帮助吸收二氧化碳外,树木还能有效地降低建筑温度,从而也可以减少在建筑物人工降温方面的能源使用。鼓励植树的倡议在很多地区都让树木覆盖率大幅增加,其中就包括萨克拉门托市政公共区(SMUD)的植树计划。萨克拉门托市政公共区(SMUD)一直在积极倡导植树,这是一种相当有效的降低能量消耗和节约城市热岛效应的方法。从1990年起,此项计划总共植树35万棵可供居民乘凉的树木(www.smud.org)。这项计划将有可能扩展其适用范围,会给居民和用户提供更多的碳中和选项。

作为该市雄心勃勃的联系整个轨道交通系统、绿地系统和一条绵延22英里的旧铁路城市绿带工程的一部分,亚特兰大市将增加超过1200英亩的绿地。在洛杉矶市,市长维拉莱戈萨(Mayor Villaraigosa)已经承诺将在市区范围内种植超过100万棵树,一种公私合作的模式将使这项艰巨的任务成为可能。

在国家层面,家得宝基金会(Home Depot Foundation)也意识到了植树对于社区居民的意义,他们也推出了重大举措来支持在市区的树木种植和护理活动。他们认为树木是"对于一个健康社区来说是必不可少的。"[19]

要想进一步实现比较完整的碳中和,就必须更加广泛地把汽车使用和树木种植联系在一起。这样做,我们可以将城市及其周边生态区域的森林重建提高到一个新的水平,从而也可以为那些致力于寻求新的途径来降低气候变化影响的市民提供一种希望。[20]

碳中和策略是地方政府以及城市和区域政府施政纲领的重要组成部分。不仅仅是它可以应对气候变化的冲击,更重要的是它可以降低我们对于汽油的依赖。这是实现弹性城市过程中必不可少的一项策略。

在欧洲和澳洲,城市碳中和的政策中还没有将交通运输包括在内。区域化的碳中和策略要能够有效地控制向可再生能源系统的转变,从而使企业和家庭不需要附加任何代价就能够在目前的城市输配系统中完成这项转变。

**分散型城市:城市将从大型的集中式供水、供电和废物处理模式转变为小型化的以社区为中心的配送体系**

在全球的城市中,特别是美国和澳大利亚,很多城市似乎更加相信那种集中型、覆盖面积广、输送距离较长的供电供水系统是更加有效的。在过去的100年中,城市供电系统变得越来越大越来越集中化。在后石油峰值时代,低碳城市则需要将这种大型能源系统分散化。在低碳城市中,通过将发电装置小型化来实现一种小规模的以居住区为基础的能源体系。

不论是使用风力发电、小型生物气电共生电站、或者是屋顶太阳能光电系统,可再生电能的发电地点与其用户之间的距离会很近,有时甚至是由那些用户直接来发电的。这种方式经常被称做"分布式能源"或者"分布式发电",它有很多优势,比如可以通过更好地对发电量的控制来节约能源,风险系数更小,面对自然或者人为灾害(包括恐怖袭击)的时候适应性更强(这种方法对于供水和废物处理来说是同样适用的)。运用智能系统把这些小型的发电站联系成一个电网系统,就可以在一定程度内根据资源有效控制整个系统,平衡供需之间的关系。小规模的能源系统是未来弹性城市中必不可少的一个组成部分。

在2008年6月，由于天然气设施的大爆炸而导致了珀斯的天然气供应被迫中断，在连续2个月内天然气供应减少了40%。很多工业都蒙受了巨大的损失，其中有些被迫关闭，有些则不得不购买高价的柴油来作为替代燃料用以工业加热。在这次事件中，珀斯的城市脆弱性暴露无遗。如果珀斯市早就将供热系统转变为分散式的，那它的抗灾能力将强很多。

这种分散型的供电、供水和废物处理系统的必要基础设施的投资费用并不非常高。例如在霍普敦（Hopetown），西澳大利亚一个遥远的小镇，一个采矿公司和州政府为了当地矿产业的新一轮发展，他们不得不重新评估如何最好地建设当地的基础设施以吸引更多的人。他们评估了三种可能性，集中式、分散式及散落式（以家庭为基础的模式）。评估结果表明，分散式的投资是其他方式的一半，可以节省5亿美元。但是，市政当局却不愿意接受这种方式，只因为他们对这种方式不熟悉。[21]

虽然很多人已经意识到可再生能源的工艺技术有着很大的潜在使用价值，但是还有些人认为可再生能源在很大程度上不适应城市，他们认为城市中人口稠密而且城市的发展模式也很有可能是高密度型的。因此，那些我们所谈论过的范例，有些也会对城市景观造成一定的负面影响，有些则是因为其特殊的地理环境造就而成的。比如，通常情况下，大型的太阳能发电设施或者风电设施都需要远离市区（主要是为了不要破坏城市景观）。但是目前，太阳能光电板可以直接安装在屋顶上，小型的风力发电机也可以安装在建筑屋脊和边沿上，浅层地热能源也可用于地热发电和空调系统，小型的波浪发电技术也可以直接应用于海岸城市。将可再生能源应用于市区并不是单纯为了增加城市的适应能力，同时也可以让它们成为社区景观的一部分。将小型的太阳能发电装置安放在市区里其实是有很多方法的，越来越多的实例已经充分证明了这一点。

比如，美国夏威夷的檀香山（Homolulu），在其前任市长杰里米·哈里斯（Jeremy Harris）的带领下，已经在停车场的灯杆上以及其他可能的地方安放了微型风力发电涡轮机或其他小型风力发电装置（檀香山市刚好也是在全美国城市中碳排放最低的一个城市[22]）。

2000年的世界博览会上的荷兰馆也证明了即使是相对较大的涡轮机（这个是Largerwey公司为荷兰馆特殊设计的）也可以安装在5层高的建筑上。

在北美洲，很少一些大城市能像多伦多（Toronto）那样在使用太阳能利用方面取得如此大的进展。基于普通民众和激进派的意愿已经相当大的经济刺激，多伦多市在利用太阳能方面走在了北美城市的前列。2006年，一项新通过的法律要求安大略省所有90个公用事业单位必须用高价从小规模发电厂购买可再生能源。这项法律要求这些公用事业单位以每度电42美分的价格购买太阳能转化的电能，这个也是目前整个北美最慷慨的可再生能源生产补贴。早在这项法律出台之前，多伦多的很多社区就联合起来并且形成购买团体与当地的光电板公司商讨如何以特价的形式向他们购买太阳能电池板。这项行动起源于城市最东端的里弗斯代尔（Riverdale）社区，他们组织了第一个购买团体。一个新的社区团体，里弗斯代尔太阳能倡议（Riverdale Initiative for Solar Energy，简称RISE）就这样形成了。最终大约有75名居民共同购买了屋顶太阳能发电系统，使他们的购电支出降低了大约15%。多伦多市（和安大略省）的例子充分说明了这种以社区和太阳能支持者为基础自下而上的模式与政府自上而下的激励措施结合在一起的巨大优势。在多伦多还有很多社区也应用太阳能，多伦多很有可能因此成为一个向分散型城市转型的成功案例。

在欧洲对小规模太阳能生产商的支持是非常成功的，他们通常给予这些生产商我们通常所说的标准供应合同（Standard Offer Contracts），最常见的模式是太阳能电力强制收购补贴费率（Feed-in Tariff，FIT）。据报道，在德国，太阳能产品以每年

35%～50%的速度递增以响应此项激励计划。到目前，已经有大约10万个太阳能光电系统与电网相连（大约生产2兆瓦的电能）。如果这种增长率持续下去，预计德国最早会在2040年实现全部使用清洁和可再生能源。所以这些都是基层群众强烈争取的结果，其中最著名的是2001年通过的德国可再生能源法案。这也说明了一旦这种自下而上的民意转化为强有力的立法，就会让普通家庭成为分散型城市的一部分，同时这个国家将也会沿着太阳能城市的模式快速发展。

瑞典的马尔默市西港口区的再开发也是一个非常成功的案例。其目标是实现全区100%的使用利用当地资源生产的可再生能源。这将意味着要采用多种可再生能源技术和创意并且结合到这个新居住区规划的方方面面，其中就包括风力发电涡轮机和安装在建筑立面上的热水收集器。在这个充满欢乐的城市新区中，太阳能电池板是随处可见的，而且也以其他各种可持续发展的创举而自豪（创新的雨水管理模式，自然栖息地和生物种群的恢复，以及绿色庭院和屋顶花园等等）。[23]

在德国汉诺威市（Hannover），大量的可再生能源和低能耗技术，结合紧密型、适宜步行的规划模式构成了Kronsberg生态城区。在这里相对较大的风力发电机（最大的180万瓦的涡轮机）就安放在离居住区几百米远的地方，而且很多公寓都是利用一个集中式的太阳能热水器来提供热水。区一级的热力系统和两个小型化的热电站（其中一个就位于建筑的地下室里）提供社区内日常所需的热水和电力供应。区级供热站结合小型热电站的模式已经成为欧洲新区规划的一项设计标准，并且也是为社区供给热水和电能的一种更加有效、更加可持续的方法。[24]

澳大利亚珀斯市，每年有6个月的炎热旱季及每年至少300天的晴天。基于这种气候特点，珀斯市也早已经承诺用太阳能来为家庭提供热水。到20世纪80年代，大概有40%的家庭应用了太阳能热水器系统；当地的太阳能热水器生产商也将其产品出口到全世界。

由于这种有效使用太阳能的设计，珀斯市的家庭中很少有用空调和集中供热系统的。但是，在80年代，为了大力扶植当地天然气公司，珀斯市购买了大量的天然气能源，发展天然气应用也成为城市发展计划的重要组成部分（这就是我们前面讲过的爆炸的天然气管线）。因为相对较贵的价格，太阳能热力系统逐渐地让位给中央空调和集中供热系统。住宅渐渐被设计成了跟太阳能基本毫无联系的产物。伴随着炎热夏季的到来，供电高峰问题越来越严重，当地政府不得不尝试降低中央空调的负荷来解决此类问题。研究发现，浅层的地下热水可以作为一种可再生能源加以利用，可将抽取地下水通过热交换器产生能量并提供给建筑暖气或冷气。根据此项研究，珀斯市也有机会利用这种分散式的可再生能源，结合原有的太阳能供暖系统以及其良好的建筑朝向，用以减少天然气和电力系统的负荷。当然，对于珀斯市来说，在其基础设施的脆弱性暴露之后才意识到利用可再生能源并不是转变的最佳方法。

虽然小规模发电系统和城市电网相互结合的例子越来越多，但是目前的案例中还没有出现能在分散式或者分布式的能源配给模式下，能有效联系当地系统和他们之间用户的管理方式（虽然有些技术创新，比如博尔德市正在研究当中的智能电网技术，可以将每个家庭的太阳能系统与城市电网相连）。

也许沃邦是我们能找到的最好的案例，主要是因为它是在以社区为基础的用地模式上由"沃邦论坛组织"（Vauban Forum）规划与设计的。公共部门与社区合作的（Public Community Partnership，简称PCP）模式也是城市向分散型转变的最佳途径。这种模式最早出现于珀斯市城市边缘的一个叫做韦尔（Vale）新区规划中。虽然最开始这个规划是定位在传统的以私人汽车为主要交通工具的郊区，开发商Multiplex正在探寻如何更新这个社区以使得它更加可持续。这个区域的地下水极易受到污染，因为整个规划都是建在沙土上，导致了城市污水很容易流到湿地和河流中。只有开发商提供一整套机制来解决当地的排水问题以消除对湿地的污

珀斯市的韦尔项目已经发展出一个管理当地可持续发展问题的社区组织,比如他们为社区设计出以生物多样性和水资源管理为目的的住宅前院模式。这能否成为分布式技术的一种管理模式呢?(供图:彼得·纽曼)

染,当地政府和州政府才允许开发商再在该区域投资建设。此处的居民必须加入当地一个社区组织,并有专人教授他们如何管理自己的花园并且帮助他们管理湿地和其周边的开放空间。

当地的业主,包括已经购买了土地准备开始建房的人,都会在如何设计和翻修房屋方面得到指导,例如如何获得太阳能,如何利用当地植物点缀花园和节约用水等。当地还组织讨论组和专题研讨会来研究如何将社区服务和当地的就业联系在一起。在一条新建的街道上,当地还向业主展示如何在前院种植植物;以当地植物组合而成的灌木丛设计,以渐变的形式绵延在一条又一条的街道上;不论什么季节,当地的鸟儿和昆虫都可以在这些街道上找到食物。自行车道联系着住宅与学校、社区中心、商店和主要的公交站点。所有这些都有助于当地的社交网络的建设并形成一种强烈的场所感。

在一定程度上讲,社区组织可能是管理当地基础设施的基础,比如管理可再生能源发电站，甚至可以管理那些给园林供水的地下水资源等。

为了实现分散式基础设施的广泛应用，公用事业需要和城市规划者合作，改进他们的运行模式。在新的模式下，规划师能够以社区为基础规划当地的能源系统。他们需要协调当地的管理部门，以保证可再生能源技术能够被当地人接受，并且能够发挥其最佳作用。对于给水排水来说也是一样的，但是基于气候变化和石油峰值等问题，规划师的首要任务是尽快调整局部规划，以适应分散型城市的发展要求。

**光合作用城市：挖掘利用可再生能源的潜力和在区域范围内解决基本衣食需求将成为城市绿色基础设施的重要组成部分**

在规划界，在如何扩展城市基础设施的问题上已经出现很多积极的导向，比如"绿色基础设施"的概念。[25] 绿色基础设施是指那些具有绿色和生态特征的系统，比如湿地和城区内的森林，这些系统提供给城市和其居民很多必要的资源与服务，比如清洁水源、雨水的收集与管理、气候调节、清洁城市空气等。目前，人们已经将绿色基础设施看做是城市中运转的生态景观系统的一部分。但是可再生能源、区域内的食品及衣物供应等方面还没有被列入绿色基础设施中。这里，我们将绿色基础设施的概念引申为"光合作用"基础设施。

除了开发利用太阳能、风能、地热能等可再生能源外，利用谷物（比如在生物燃料工业中所看到的）和树木作为可再生能源的原材料拓展小规模的、分散式的基础设施的应用前景也是非常广阔的。向生物能源转型需要调整谷物和森林的生长状态，让他们能够为建筑物和交通工具的运转提供原料。要着重推广在城市中耕种的概念，使这些作物成为城市景观系统的一部分，并且为可再生能源提供原材料，特别是那些生物作物和生物燃料。在未来的弹性城市中，城市和其腹地的关系将更加紧密。这就意味着城市中的保留绿地和城市周边区域都会种植可再生能源需要的谷物和树木，而城市中心区和城市走廊的开发密度将会更大以达到适宜公交和步行的目的。为生物能源种植谷物必须和区域中的食物供给相协调以达到相互平衡。最理想等状态是，生物燃料的原料全部来自于食物供给的副产品。

瑞典的韦克舍市已经发展出一套基于当地特点的可再生能源策略，他们充分利用了城市景观系统，也就是离城市最近的一片森林。韦克舍市的主要电厂，以前用石油燃料，现在已转换为生物燃料，几乎全用木屑来发电，其中大部分是该地区采伐业的副产品。这些木材，更确切点说是这些枝条、树皮以及树顶部较细的部分都来自于距离电厂几百公里远的林场。这个热电合一的发电站（Sandvik II）为全市提供所有需要的暖气和大部分的电力。而它成功转型为生物燃料型电站，为韦克舍市的无石油燃料城市计划做出了突出贡献。每个城市都要根据自己的特点发展出一套能够整合本地可再生资源的能源策略，而韦克舍市也证明了从石油型供电系统完全转变为可再生能源并不会失去经济上的优势。实际上，当石油和天然气资源紧缺的时候，它们的优势将更加明显。

德国弗赖堡市的沃邦生态区也有一个热电综合站运用当地林场的木屑作为燃料。这个电站为 5000 名居民户和 1000 个当地企业提供热力和电力。在沃邦，还有 450 平方米的建筑安装了太阳能热水器，1200 平方米的建筑安装了太阳能光电板。

都市景观体系可以看做是创造性太阳能及其他可再生能源项目的建设基金，每个城市和区域都有自己特殊的资源和机遇。哥本哈根（Copenhagen）通过米德尔格伦登（Middelgrunden）风电场的项目证实结合风能开发和城市景观的可能性。这个由 2200 万瓦的风力发电涡轮机组成的，位于城市港口的近海区域，它们可完全融入城市海岸的环境当中，成为城市景观的一部分。这个项目不仅仅是作为了添加极具视觉冲击的城市景观，这些风力涡轮机能够为该区域 35000 居民提供足够的电量。

圣弗兰西斯科市也已经开始开发潮汐能和波浪能，这些都是海岸城市最丰富的资源。同样值得学习的例子还有很多，但是更重要的是发现每个城市和区域特有的机遇。发展具有地域特色可再生能源基础设施和开发传统形式的基础设施，比如给水排水和垃圾降解等系统是同等重要的。未来最有潜力的生物燃料资源也许是那些蓝绿藻，它们可以在屋顶上大量种植。仅需要阳光、空气和少量必要的养料，蓝绿藻就可以进行光合作用。其生长速度比其他生物燃料资源快 10 倍，它可以为生物燃料产业和小规模发电装置连续不断地提供原材料。更为重要的是，城市可以在其建筑物的屋顶上种植蓝绿藻，以供本地的需要。这样就无需从其他区域进口原材料了，也减少对紧张的城市交通的干扰。比尔·麦克多诺（Bill McDonough）说过，"每个屋顶都可以进行光合作用"，这里他指的既是那些用以增加城市生物多样性、美化城市及雨水收集的绿色屋顶和安装了太阳能光电板的屋顶，也指那些能够收集藻类生物燃料的屋顶。这种屋顶种植可以成为地区政府的一项政策来贯彻执行。[26]

城市的总体规划通常包括了城市范围内各项自然和经济资源，从矿产资源到历史建筑再到生物多样性等多个方面。但是，对于可再生能源（太阳能、风能、生物能、地热能）的评估却经常没有包括在内。但是从巴塞罗那的可再生能源规划中可以看到该市已经在计算太阳能能源方面取得巨大的进展。前任市议员何塞普·普伊赫（Josep Puig）曾说过，这个计算结果"大于城市所需能量的 10 倍还多，或者说比城市所需电能的 28 倍还多"。剩下要解决的问题就是如何在整个城市范围内开发利用这些能源。[27]

每个城市要做的第一步就是找到有开发潜力的可再生能源。在一定程度上来说，这就是要换一种方式来看待城市环境。学校不仅仅是学校，图书馆不仅仅是图书馆，停车场也不仅仅是停车场，它们同时还是具有开发潜力的发电站。从某些方面上讲，这是城市规划中自然资源体系的拓展，是自然环境转变为一种多用途、混合使用城市和区域景观（不论纵向还是横向都可以结合能源开发）。同时，这也要求我们转换看待和欣赏建筑与设施的方式。比如一个结合了太阳能的学校，其潜在的长期运营成本的节约，还有其他很多我们能够从中获得的优势，远远超过了传统意义上的投资回报的计算结果。

可再生燃料也是如此，在后石油时代的视角下，城市必须整合食品生产，使其成为太阳能城市中不可或缺的组成部分。食品，在国际化的市场运作下，就像新西兰生产的苹果、智利（Chile）生产的葡萄以及南澳大利亚生产的葡萄酒一样，它们的运输路径越来越远。食品的运输距离逐年升高，目前在美国食品从其生产地到其消费地的运输途径已经高达 1500～2500 英里。从国外进口的食品所消耗的能源更加高。托马斯·斯塔尔斯 Thomas Starrs 曾经形象地比喻当前社会的食品是"储藏室里的SUV"，在《今日太阳能》(Solar Today) 杂志的一篇文章中，他写道：

> 在目前每周的日常饮食中，平均每卡路里的食物要消耗10卡路里的化石燃料。所以，如果你每天要摄取大约2000卡路里的能量，那么就要消耗20000卡路里的能量把这些食物送到你身边。用更加通俗的话讲，生产、加工和运送一个四口之家每年口粮的能量大约是34000千瓦时，或者说大于930加仑的汽油（相比之下，美国平均每个家庭每年要消耗大约10800千瓦时的电能，或者说大概1070加仑的汽油）。[28]

很多城市（和郊区）的社区规划中，专门设计了社区公园、城市农业区以及可食性景观（景观结合农业生产），为的是就地或者就近解决需求量相当大的食品供应。从温哥华市摩勒山（Mole Hill）社区的项目中可以看出，将景观环境经营成果树或者多年生食用型植物是可能的。在这，一条传统的街巷已经转变成为一个绿色而又华丽的、种满了可食用的植物、挂着吊床的大花园,形成了一个非常迷人步行社区空间,就是以前偶尔经过的汽车现在也看不见了。新的城市开发应该能够包括居民可以自己耕种植物的空间(屋顶、侧院、后院等)。现在欧洲已经出现了一种新的趋势,社区公园已经成为新型的城市生态居住区设计中不可或缺的元素(比如赫尔辛基(Helsinki)的 Vikki 和温哥华的 South False Creek 等)。在美国城市中,在结合新区开发与食品生产方面也有很多创新之举。其中一个很好地例子是威斯康星州的麦迪逊市(Madison)的特洛伊花园(Troy Gardens)项目,它是建在州立精神病医院的一片多余的土地上。这个项目被参与其中的人们称做意外的生态村落,这片土地以前被当地的社区居民用作花园的停车场,1995 年,这些居民决定组成一个团体购买这块土地。通过和一些非政府组织及威斯康星麦迪逊大学城市与区域规划系的合作,特洛伊花园之友(Tory Gardens Friends)能够让这片土地的用途多样化,从而为

威斯康星州麦迪逊市的特洛伊花园项目,结合了经济性农业,社区公园(上图),草场复原和公寓开发。(供图:蒂姆·比特利)

购买土地筹措资金。现在这个项目包括了一个 30 户住宅的混合收入公共公寓、一个分成了 320 个单元的社区公园、一个由社区支持的农业企业拥有的并且应用苗族农业技术的密集城市农业区、还有一个致力于恢复当地生物多样性的草场复原计划。[29]

城市需要寻找创新途经在任何可能的地方发展城市农业，并且要和新开发项目相协调及降低对汽车的依赖。这意味着我们要能够利用城市中空闲的场地，开展商业化或者给予社区内部的城市农业项目（比如，据估计仅仅芝加哥一个城市就有将近 70000 块空闲土地）。然而，如果这些地区拥有良好的交通区位和基础设施，那么这种城市农业项目可以作为临时性的，当然，它也有可能成为这个区域更新规划的一个部分，引导整个规划朝着没有汽车干扰、应用太阳能能源的方向发展。很多城市已经着手开展对社区食品安全进行检测并且发展可持续的本地或者周边地区的食品生产。这些都将成为生态型可持续发展城市更新计划的重要组成部分。[30]

本地化生产销售纤维制品和建筑材料可以为地区经济可持续发展提供巨大的机会。当然，本地化生产这些东西最大的好处是极大地降低了交通运输所消耗的能量。同时，在应对全球的经济动荡的时候，本地经济也有更强的适应性。这样做同样有助于提升我们对场所的认同感、维系绿化景观、改善人与人之间的关系，最终也许可以改变我们相互陌生的时代（至少是部分的）。

在伦敦的贝丁顿零能耗社区项目中，超过一半的建筑材料来自于半径 35 英里的范围之内，同时作为社区的热电燃料和建设所需的木材都来自当地的森林。城市居民已经开始关心他们食用的食物是在哪里生长的、喝的酒是从哪来的、使用的家具是用哪里的材料供应的。这些有助于食品行业和建筑所需的材料、纤维制品的生产加工从远途运输型向本地生产型的转变。

**生态高效城市：城市和区域将从线形转变为循环型或者自我完善系统，城市所需要的大量能量及原材料将从其废品处理中获得**

如果将能源看做是城市的必要组成部分，那么城市可以看做是一个复杂的不断运动循环的新陈代谢系统（并不像人体系统），在这个系统中，理想状态下传统意义的废物（固体垃圾、废水等）被重新看成原材料以满足城市的各项需求，包括能源。为了转变我们把城市看做是线性的资源消耗机器的观点，这种可持续发展的观点已经有很多人在倡导了。这通常被称做是生态高效城市发展目标。[31]

联合国和世界企业永续发展委员会（World Business Council for Sustainable Development）都制订了生态高效城市的发展计划，其宏伟的目标是到2040年，伴随着科学技术的飞速发展，工业化发展中国家的资源消耗降低10倍。虽然生态高效城市的发展目标是一个巨大的挑战，但是从工业革命到现在的200年间人类的生产力提高了20000%，相比之下，这个目标并不是不可能完成的任务。第六波经济模式有着巨大的潜力，可以帮助我们创造生态高效型城市。[32]

生态高效型城市的发展规划包含了威廉·麦克多诺（William McDonough）的"摇篮到摇篮"设计理念。该理念来源于工业化生态学，即工业企业可以像生态系统共享资源与废弃物。在德国的凯隆堡湾（Kalundborg）和澳大利亚的奎纳纳（Kwinana），我们可以找到好的例子。[33]

这种把城市看做是一个复杂的新陈代谢系统的观点同时也有助于我们处理（特别是在短时间内）城市过度依赖从世界上其他区域进口资源和能量的窘境。基于美国的许多大城市仍然依赖食品进口而忽略发展本地区食品的生产现状，我们建议城市应该采取措施降低食品运输途中的能源消耗，并向其消耗的能源和释放的温室气体征收罚款。或许这些钱可以资助本地或其他国家和地区的可再生能源及碳回收工程。这样的观点同样有助于打造地区间新的可持发展的（而且是平等的）共生关系，有助于城市和其周边的农村和腹地建立良好的和谐共生关系。这样的例子有很多，比如可持续能源协议、区域间合作协议、城市采购系统等。把城市和大都市区看做是新陈代谢系统的观点会引领我们朝着有益而且有趣的方向发展。

这是一种新的城市可持续发展理念，新陈代谢理念要求改变我们看待和管理城市及都市区域方式。需要建立一种新型的市政管理各部门之间协作与合作的关系。城市中各个部门和相关团体都需要参与其中，例如，市政部门要勾勒出能够整合资源循环的政策，并将其付诸实施。城市的管理结构和组成方式也需要更新，形成新的规划与实施方法，例如勾勒出城市及区域的资源流动模式并将其作为城市总体规划的一项标准。

这方面比较好的例子是多伦多的 Trash-to-can 计划，根据这项计划，城市可以从废物中收集甲烷气体用以发电。这个计划不仅能够提供珍贵的能源，还可以收集甲烷气体以避免其污染空气〔在这个项目付诸实施之前，已经有人预测认为基尔山谷（Keele Valley）垃圾处理厂每年可以从中获益 300～400 万美元，其产出的电量可供大约 24000 户居民使用。[34]〕

斯德哥尔摩的 Hammarby Sjöstad 社区的规划也充分证明了"新陈代谢循环"的理念可以结合于城市设计与建筑设计当中形成一种全新的设计方法。这个新区规划中，从建筑到规划的每个细节，都作了整体全面的分析，输入的原料和产出的废物，能量的需求供给及可能产生的污染都作了详细的计算。举例来说，在 Hammarby Sjöstad 社区中有大约 1000 套公寓是装备了使用沼气的炉灶，这些沼气都是从社区中的生活污水中提取的。这些沼气同样也被用于这个地区公交车的燃料。有机废物也被回收利用，用于社区的供暖和降温。除此之外，由于规划了高频率的轻轨系统，这个社区可以很方便地到达斯德哥尔摩的市中心，这也使无车生活成为可能（另外，社区中还有 30 辆汽车是供居民拼车用的）。虽然这

HAMMARBY Sjöstad，一种新型的生态高效城市。（供图：蒂姆·比特利）

还不是一个十全十美的规划案例，但是它代表了一种新的有意义的看待城市的方式，而且其设计过程也是需要多学科多部门之间的协作，这在目前来说还是比较罕见的。

**基于场地的城市：城市和区域要把可持续再生能源看做是一种更加全面的建设当地经济、提高生活质量并且形成强烈的地区归属感的有效方式**

本地的经济发展对于地区的三重底线是很有好处的，比如可以提供更多本地就业机会，这也可以降低通勤的压力。寻找到一种有效的方式为本地企业的发展提供便利是迈向低油耗社会的重要一步。迈克尔·舒曼（Michael Shuman）率先帮助美国的小城镇，以使他们创造出更多的本地就业机会。而在国际上，埃内斯托·西罗利（Ernesto Sirolli）也发展出一套方法，根据当地社区的热情和资源，在其早期比较脆弱的阶段，帮助他们创建本地企业。在

1985年,"企业促进(Enterprise Facilitation)"工程率先在西澳大利亚州的埃斯佩兰斯市(Esperance)启动,以创造当地就业机会。到目前为止,此项工程已经在全国范围内展开。埃斯佩兰斯项目的主席,巴里·斯特恩(Barrie Stearne)曾说过:"我们非常自豪地说,大约800个企业,或者说60%我们协助的企业,目前还在成功运营中。"在这些项目中,西罗利和舒曼都一再发现,地域感是一个非常重要的因素。只有人们对他们的城镇有比较清晰的认识和强烈归属感的时候,他们才愿意扎根于此,并且努力为本地的企业添砖加瓦。[35]

城市官员的首要任务就是发展当地经济。但是他们通常没有意识到发展本地经济的最佳方法其实是强化本地的地区认同感,而且几乎没有人把这个和太阳能——这种可开发经济资源——联系起来。目前,能源供给往往来源于城市或者区域之外,所以市政、企业和个人的能源需求可以看做是本地一个重大的经济发展机遇。利用太阳能、风能或者生物能在当地或者周边区域内发电将会创造很多就业机会,也会增加那些经济利益不大的土地财税收入和景观效果,同时也可以让本地区的现金再次循环起来使其成倍增长。

可再生能源和其相关产物的研究已经发展成为德国弗赖堡市重要的经济组成部分。根据该市的统计数据,安装太阳能电池板和污水净化装置已经为本地区提供的就业机会占全部工作岗位的3%。[36]

朝着弹性城市的模式进步也可以看做是当地社会结构的发展实践。在本地的能源开发、食品、实业以及经济的发展等各项努力都依赖于本地社会的支持力度。贝丁顿零能耗社区的案例中,我们可以看到思想理念远比建筑设计本身重要得多,也领悟到如何从一个基于全社会的观点来看待城市开发。然而,这个项目中创新性的被动式太阳能设计(例如300毫米绝缘和创新的通风和热回收系统)非常让人印象深刻,尽管其消耗的能量十分之少,但是其可持续发展的最大成功之处是当地居民在这里的生活方式。在那里,居民面临严峻的考验,他们要重新思考自己的消费模式和出行选择。例如当地成立了一个拼车俱乐部、一个食品团购俱乐部，也形成了一个居民可以互相帮助、想办法降低生态足迹的社会结构。这个是欧洲绿色工程的一个重要标志，也是在很多其他项目中值得学习的重要方面。

让·朔伊雷尔（Jan Scheurer）测评了一定范围的欧洲城市生态更新技术，他发现只有那些来自于社会并且服务于社会的技术革新更容易持续下去并成为当地居民生活的一部分，居民们也会将其传给后代让其子孙也从中受益。然而，一些建筑师的革新设计却是强加给居住者的，其设计过程没有居民的参与也没有对他们进行相关的教育；这类设计往往被居民忽略，有的甚至是直接被丢掉了。弹性城市则需要我们在整个转变的过程中更加关注社区及其居民。基于本地特点的设计方法在向后石油时代的转变过程中是相当重要的。这种方法不仅可以创造出必要的技术革新帮助人们认识到没有石油的生活方式，也进而可以创造出作为社区更新和经济发展的社会资本。[37]

综上所述，我们已经讲述了大量的原因来说明为什么这种给予当地特点的设计方法可以节省石油消耗、降低温室气体排放，并且帮助创建更好的地区经济和社会形态。如果想让当地的人际关系变得更好（就像沃邦城和贝丁顿零能耗社区一样）则需要让人们有归属感并使他们觉得属于同一个地方。[38]

**可持续发展的公交城市：通过向全体市民提供适宜步行的、公交导向的、辅以电动汽车的规划，城市、社区和区域将被设计成能源节约型**

公共交通在向弹性城市转变的过程中有着至关重要的作用，所以将在下一章着重讲解。

未来弹性城市的规划目标是利用可行的方法真正地降低汽车使用，到 2050 年，让 VMT（车辆行驶里程）降低 25% ~ 50%。

城市越紧凑，其居民中驾车出行的就越少，采用步行、公交和自行车出行的人也就越多。这说明有时候居民选择驾车出行是因为他们没有其他的选择。高密度发展是支持公交、步行和自行车出行的重要条件，同时也是降低温室气体排放的重要条件。根据 2007 年的一项研究表明，如果 60% 的新开发区域采用紧缩式布局，到 2030 年，美国每年可以减少 8500 万公吨的二氧化碳排放。[39]

虽然美国的大城市，如纽约和芝加哥的规划是紧缩型并且支持步行的，而且这些市长也因此受到赞誉并且都签署了"市长气候变化倡议（Mayor's Climate Change Initiative）"，但是这些城市的公交投资预算却在逐年降低。西雅图市，其市长曾是"市长气候变化倡议（Mayor's Climate Change Initiative）"的提出者，目前也在修建一条轻轨系统时遇到了麻烦。就算是在全球范围内，在某些议题上处于领先的加利福尼亚州也没有一套比较完整的规划去降低其大城市对石油燃料的高度依赖，其州长甚至不支持用快速轨道系统将圣弗兰西斯科市和洛杉矶市连接起来。现在已经不是美国的城市以其石油消耗而自鸣得意的时候了。

绿色建筑可以节省很多能源并能创造可再生能源，同时，打造更多的适宜步行的社区也是弹性的一个重要方面。在大都市内投资建设可达性强的公交系统是城市更加弹性、降低石油消耗、减少城市对气候变化影响的最主要的手段。在下一章中，公交体系不仅能够简单地节约石油，还可以帮助我们调整城市结构从而使得石油消耗成指数级的下降。轨道公交系统的建设在未来是非常有必要的。

## 结论

弹性要求我们这个社会更加真实而且能适应各种各样的威胁。在罗伯特·帕特南（Robert Putnam）的关于南北意大利的测评中发现，生活在恐惧中的人们不可能成为整个社会的一分子。通过社交网络、相互信任以及对未来的希望，所有融入社会中的人都会认真对待社会中各项改革措施及相关议题。帕特南发现这是相当重要的,是经济发展和环境管理的基础。[40]

所以,弹性城市中将会有很强大的社会资本,因此城市将有能力应对城市的能源供给、资源开发使用及出行方式变革等方面的挑战。这些正在变革的议题直接影响着我们如何管理我们的城市、如何给我们的城市提供能源、最终也影响着我们如何处理石油峰值和气候变化问题。这些变革不仅仅只是发生在技术创新层面,同时在基础的文化层面上,城市的功能也在变革。只有当我们的社会有强烈的愿望,人们对这些议题充满信心,同时又具有强烈的政治支持的时候,这些必要的创新技术才会被采用。

# 第 5 章
# 弹性城市的希望：交通

在一个讨论石油峰值的主要网站"油桶"(The Oil Drum) 上，曾经预测到我们将不仅仅是买一桶石油需要支付 100 美元，而且"买一油箱汽油也要花费 100 美元"。做出这个预测的时间是 2006 年，远远早于油价创下每桶 138 美元纪录的 2008 年。当石油高价开始引起一些混乱的时候，能源投资银行公司的创始人马修·西蒙斯 (Matthew Simmons) 认为，这仅仅是开始，而且在未来我们将要面临着一桶石油接近 300 美元的高价。[1]

一项美国城市应对石油危机能力的排名中，纽约被认为是准备最充分的城市。和亚特兰大人均石油消耗量 782 加仑（位于最不具弹性的城市之首）相比，纽约人均石油使用量仅为每人 326 加仑。城市燃料消耗量的多少与其拥有公共交通的数量之间存在很强的反比关系。在美国的城市中，像亚特兰大，圣地亚哥，丹佛，休斯敦和凤凰城，公共交通占机动交通的比例不足 1%；像华盛顿，圣弗兰西斯科和芝加哥，公共交通占 5%；最好的是纽约，公共交通占总机动交通的 9%。[2] 许多这样的城市都正在转变，建立新的公共交通系统并且延长现有的服务线路，但是全球范围内的对比显示美国城市的公共交通乘客量水平远远落后于其他大多数的国家。

澳大利亚、加拿大和新西兰等城市公共交通占机动交通的比例仅仅比美国稍好一点，从珀斯的 5%（2006 年曾高达 10%），温哥华的 7%，悉尼的 12% 到多伦多的 14% 不等。在许多欧洲城市，公共交通占机动交通的比例都超过 20%（苏黎世（Zurich）为 24%，慕尼黑（Murich）为30%），其中巴塞罗那和罗马（Roma）都达到了35%。尽管有一些欧洲城市需要提高公共交通占机动交通的比例，例如格拉斯哥（Glasgow）、马赛（Marseille）和日内瓦（Geneva）都在10%，里昂（Lyon）仅为8%，东欧城市，例如克拉科夫（Krakow），公共交通占机动交通的比例都高达50%左右。

富裕的亚洲城市中公共交通占机动交通的比例非常高（除了日本的新兴城市札幌（Sapporo）为21%，台北（Taipei）为25%以外），新加坡（Singapore）和首尔（Seoul）公共交通占机动交通的比例为40%，东京（Tokyo）和大阪（Osaka）为60%，香港（HongKong）更高达73%。

公共交通占机动交通的比例在发展中国家的城市中情况差别很大，孟买（Mumbai）高达84%，达喀尔（Dakar），钦奈（Chennai）（原名马德拉斯）以及上海（Shang hai）在70%左右，北京和突尼斯（Tunis）为50%左右，吉隆坡（Kuala Lumpur）为11%，胡志明市（Ho chiMinh）为8%，利雅德（Riyadh）仅为1%。

欧洲城市紧凑的发展布局，以及明智的步行道和自行车道等基础设施的建设为人们提供了便利的出行条件，大约34%的人通过步行或者骑自行车上班。在一些城市中，例如哥本哈根、巴黎和阿姆斯特丹（Amsterdam），自行车使用率一直很高，而且由于最近几年来城市对这些基础设施的建设提供特殊支持，自行车使用率还在持续增长。

在全球碳排放总量中，交通运输的碳排放量的比例约占到15%。在美国，二氧化碳排放物被预测到会有最大幅度的增长（在1996～2020年间）。交通所消耗能源大约占美国消耗能源总量的28%。这也反映出在1995～2005年间，美国城市交通能耗增加了17%，城市对汽车的依赖性还在持续增加。[3]

要克服汽车依赖性是基于多重因素的考虑，例如环境、经济、健康和社会因素。城市缺乏弹性，包含了所有的这些因素，成为这个问题的更好的表述。一个城市要想成为有弹性的城市，需要多种交通和用地模式，而不能仅仅依靠一种模式。这一选择是一位生活在巴黎的美国交通规划师埃里克·布里顿（Eric Britton）所提倡的"新行动纲领"：打破汽车作为城市单一交通选择的束缚。这一观点正如同专家简·雅各布斯所提出的通过增加经济功能的多样性来促使城市经济更具弹性，以及规划师莱奥妮·桑德科克（Leonie Sandercock）提出的通过接受社会多样性来增强社会弹性的观点。两位亚利桑那州立大学的学者，布拉德·艾伦比（Brad Allenby）和乔纳森·芬克（Jonathan Fink），运用类似的方法探讨过社会内在的弹性问题，但是为其增加了一个重要的方面，即城市如何通过各种网络连接起来。这些网络可以使城市在面对干扰时能够快速做出反应和具有弹性。简而言之，一座拥有高可达性，高效率，经济适用并且可以随使用人数的增加而快速扩展延长的公共交通系统的城市，和一座拥有可怜的低通达性的，正如高速路一样很快被塞满的公共交通系统的城市相比，是更具有弹性的。[4]

如上所述，全球城市的数据显示，如果以人均燃料消耗量计算，纽约地区是美国最好的，但是温哥华、多伦多、珀斯和悉尼等城市的燃油消耗量仅为纽约的一半；而且大多数欧洲城市也仅为纽约的一半。而与赫尔辛基（人均消耗燃料 69 加仑）相比，纽约的节能优势（人均消耗燃料 326 加仑）更显得不足挂齿。在富裕的亚洲城市中，例如东京和新加坡，人均消耗燃料仅为美国的十分之一（香港人均消耗燃料为 32 加仑）。中国大部分城市人均消耗燃料量都低于 13 加仑。所以，尽管中国正在耗费大量石油进行城市间的货运（将需要大力扩展铁路运输能力），而且继续建造火力发电站来发电，但是总体上讲中国的人均燃料消耗量远远不及美国。

所以，弹性是一个相对的概念。在美国，纽约地区的确有最好的（轨道交通）基础设施和城市形态以配合降低对石油的依赖性；事实上纽约保持了一定的城市密度，建设了轨道交通基础设施，并且与全美国平均仅 8% 的人没有汽车的平均值相比，超过一半的纽约人没有汽车，这一切使纽约城内人均消耗燃油量仅为 80 加仑。

一条轻轨连接了沃邦生态村和市中心弗赖堡,德国。(供图:蒂姆·比特利)

但是整体而言,美国的城市正在过度地消耗石油,其石油消耗量是其他西方国家城市的 4～10 倍。当石油危机真正发起攻击的时候,燃油消耗量小的城市及地区,例如东京和巴塞罗那无疑将更具弹性。另一方面,如果美国、澳大利亚和加拿大的大城市(世界性的高度汽车依赖型城市)能够提高他们对于石油消耗的弹性,那么整个世界在应对石油峰值和气候变化的时候,当然将变得更具弹性。[5]

所以,我们怎么把汽车依赖型城市变得更加有弹性呢?要想了解我们所谈论的方法,首先有必要在此解释一下基础理论:即城市形态是如何根据"出行时间参数"而演变发展的。

一般来讲,城市居民愿意上班花半个小时,下班再花半个小时。已经证实这个理论适用于上述的每个"全球城市"样本,并且也与英国城市 600 年来的统计数据相吻合。似乎这与我们的需求相关联:我们需要在工作地点和家之间有一定的空间间隔,但是如果两者间距离过长,上下班所需要消耗过多的时间,将会影响我们在工作中的表现以及我们为家庭及社会作出贡献的能力。[6]

从历史发展的角度分析，这些城市的类型有：

- *步行城市*　城市在过去（现在仍然）是人口密集的，方圆不超过5公里的多种功能混合使用的区域。大约8000年来，这些都是主要的城市形态特征，而且相当一部分城市，例如胡志明市、孟买以及香港等地的重要城区，仍然保留着步行城市的特征。克拉科夫基本上就是一座步行城市。在富裕发达的城市，例如纽约、圣弗兰西斯科、芝加哥、伦敦、温哥华和悉尼，城市中心区大多有步行城市的特征。
- *公共运输型城市*　从1850～1950年间，城市交通都建立在火车和有轨电车的基础上，这使得城市的范围可以延伸到20～30公里的范围内，城市沿着火车轨道及车站发展，形成人口密集的中心区域和区域间的交通走廊地带。大多数欧洲和富裕的亚洲城市仍然保留着这种城市形态，美国、澳大利亚和加拿大的城市中心区也都是以轨道交通为导向的。亚洲、非洲及拉丁美洲的许多发展中（国家）的城市都有着轨道城市形态中的人口密集的城市走廊形态，但不总是由轨道交通系统来支撑，所以现在都变成汽车饱和状态。
- *汽车型城市*　从1950年初开始，城市可以沿各个方向向外延伸50～80公里，城市密度低。美国、加拿大、澳大利亚和新西兰以及欧洲城市的许多新建区域开始按照这个方式建设，但随着城市向外扩张，这些新区正在接近半个小时通勤距离的极限。这些就是石油峰值理论中最为脆弱的区域。

在一些正在经历着巨变的城市中，例如在新兴的发展中（国家）的大城市或者快速扩张的城市，行程时间参数对于越来越多的人而言可以超过来回一个小时的通勤时间。人们总是通过搬家或者调动工作或者通过寻找更好的交通方式来作出适应。城市需要从根本上减少汽车使用，但是这种情况只有当通勤时间参数能够维持在每天

1个小时左右才有可能真正实现。

增加公共交通的通行机会和可达性将会迅速减少汽车交通的使用量。我们之所以可能作出这样的预测，是因为根据杰夫·肯沃西（Jeff Kenworthy）所建立的"世界城市交通数据库"的资料显示，增加公共交通的使用与减少汽车的使用间存在指数关系。这种指数关系恰好解释了为什么墨尔本市中心居民公共交通的使用量是城市边缘居民的三倍，但是市中心居民的汽车使用量却比城市边缘居民低了整整10倍。原因在于当人们依靠公共交通，他们会卖掉汽车或搬到距离公共交通服务稍近的地方去居住或者工作，这将影响土地利用模式，使其对汽车依赖性降低。悉尼1996年的客运周转量中有12%是通过公共交通实现的。如果悉尼在其公共交通上投入双倍的资金，那么将会为使其交通系统的周转量另外增加每人1500公里，而且根据杰夫·肯沃西所提出的指数理论，这将会使汽车使用量降低每人6000公里或者61%。这无疑将是一个巨大的变化，但在未来40年内却是完全有可能实现的（见resilientcitiesbook.org）。

有很多很令人充满希望的、朝着正确的方向发展的城市案例，他们采取的步骤，不仅使城市的通勤时间保持在能带来经济和社会高度弹性的通勤时间参数的范围内，同时还可以减少我们对这种大量消耗石油并排放温室气体的交通模式的依赖性。为了制定弹性的交通模式愿景，我们把这些灵活的措施描述如下：

**更具弹性的交通模式愿景的七大要素：**

1. 在主要交通走廊上，公共交通系统运行速度要快于汽车。
2. 区域中心沿着交通走廊布局，并且有足够高的开发密度，同时也可以为公共交通运输系统提供良好服务。
3. 适合步行和自行车行驶的设施，这意味着以非机动方式获得更高的可达性，尤其是在城市中心。

4. 良好的运营服务和通达性，能够保证在全天大部分时间都可以使用公共交通。
5. 逐步淘汰高速公路和逐步采用交通拥堵税，并将税收直接用于资助公共交通，步行道以及自行车道等设施的建设以及用于交通缓行措施的推广。
6. 持续改进汽车引擎设备，以确保废气、噪声以及燃油消耗的减少，尤其是向电动汽车方向发展。
7. 区域化和地方化的管理，可以引进一些有远见的绿色交通规划及资助计划。

## 在主要交通走廊上，公共交通系统运行速度要快于汽车

城市需要为交通和用地模式提供多种选择的组合，这将有利于形成更加生态的发展模式，并且和仅用汽车一种交通模式相比，更加节约时间。这意味着公共交通需要比在主要交通走廊上行驶的机动车要快。公共交通相对较为快速的那些城市都是配备有足够的公共交通设施作为支持。原因很简单，它们可以节约时间。

由于配备有快速铁道公交系统，在欧洲和亚洲城市中公共交通和机动车速度比率最高，它们已经获得了比交通走廊上行使的机动车速度更快的公共交通运输选择方案。在我们所选取的 84 个城市案例中，每个城市的铁轨系统比公交巴士系统的速度每小时快 10 ~ 20 公里。虽然具有专门公交车道的公交巴士行驶速度比城市中饱和状态下行驶的汽车速度（见下文）要快，但是在低密度的汽车依赖性高的城市中，铁轨的高速是可以用来克服使用机动车交通的重要优势。这正是目前美国 100 多个城市正在建设铁路轨道交通的关键原因之一。[7]

铁道能够给车站周边区域带来密度诱导效应，可以帮助建立对克服汽车依赖性起到至关重要作用的高密度中心节点。新的电动铁路轨道交通系统推动了重建汽车依赖型城市所需要的转变，它们

提供了比汽车更为快捷的交通系统，而且可以促进轨道交通节点中心的建设。如果电气铁路系统的能源供应是通过利用再生电能和生态能源，那么他们不需要消耗石油，也不会排放温室气体。华盛顿特区铁道交通系统建于1976年，目的是为政府雇员提供通勤服务。它的规模逐步发展扩大，现有168公里服务长度，沿途共有86个车站，该轨道交通已经成为塑造华盛顿地区工作和居住模式的一个关键性因素。巴尔斯顿（Balston）交通走廊已经成为全世界的以公共交通为导向的规划发展模型。在这些走廊沿线的地区乘坐火车出行无疑比开车要快速。在轨道交通服务水平不足的区域，如仅有汽车作为单一交通模式的弗吉尼亚州泰森角（Tysons Corner），延伸轨道计划正处于规划阶段（尽管因为政策制定者更倾向于修建高架路来解决泰森角问题而使公交导向的发展模式受到挑战）。

像许多欧洲城市一样，巴黎拥有一个强大的公共交通系统和一个适宜步行的中心城区，但是在近几十年，巴黎也把越来越多的城市交通空间让给了汽车。现在巴黎正力图找回城市的公共空间，正在执行一系列的政策来减少城市中的汽车数量，但是要能够做到这一点，意味着其他的交通模式必须要比汽车更加快捷与舒适。因此，他们开展了一个"20年计划"：

- 建立社区的交通缓速计划（降低汽车速度）与世界上的其他城市竞争。
- 建立320公里长的自行车专用道。
- 发展和建立一种新型的轻轨（LRT）系统，通达城市四处，并且连接各个地铁站点和高速铁路，提供遍布全城的密集交通连接。
- 留出40公里长的快速公共交通（BRT）专用线，使公交车能够以2倍于平时的速度行驶，并且BRT沿线的公交站点可以提供准确的车辆抵达时间信息。
- 降低交通快线上的交通流速，那些曾经的单向快速车道将会变成双向宽度变窄的慢车道，为自行车道和更多的街道绿化提供空间。
- 每年撤销数量高达 55000 个的路边停车位。
- 努力把巴黎市中心包括那些标志性建筑和广场区域变成"禁止车行"的绿洲。
- 拆掉高架桥和环状高速公路，把它们变成大公园。
- 发展独一无二的"Velib 自行车"分享计划，在巴黎全市 1450 个停靠点（大约间隔 330 米）提供共计 20000 辆的"城市自行车"，租用 1 天的费用是 1 欧元，还可以购买供每周、每月和每年使用的通行证。

80% 的巴黎人支持这些革新。[8]

在交通系统中，快速巴士公交（BRT）在重型轨道和常规公交之间成功地为自己找到了合适的位置。它的主要特色是全程封闭的专用道路，隔离的站点，无高差登车，服务频率高，载客量大，通信优先，以及人工智能系统等。因为它们可以在现有的铁路系统上更新改进，所以它们可以降低铁路造价，而且相对而言也比地铁和高架铁路造价低。渥太华（Ottawa）、库里蒂巴（Curitiba）和波哥大（Bogota）是最早示范建立大规模快速巴士公交 BRT 系统并获得当地市民和全世界交通专家一致称赞的城市。快速巴士公交 BRT 的合适之处在于它不需要向铁路那样的设施，但是却有一个专用的快速通道；快速巴士公交 BRT 系统可以在 1 小时内共运送沿途 20000 人次的乘客。常规公共交通仅仅到达每小时 8000 人次的运送量，而且速度很慢。在许多第三世界国家的城市中，这个位置被成千上万的小巴士如迷你出租车所代替，它们把城市街道堵得满满的。相比而言，快速巴士公交 BRT 提供了一个更为生态的交通模式选择，而且比常规的公共交通和迷你出租车速度都快。[9]

快速巴士公交 BRT 的局限性在于：由于装载和卸载乘客所需要的时间比列车长，将可能导致车辆在终点站和沿途各个车站上的串车（译者注：多部车辆排队等候进站上下客）情况的发生。绝大多数大城市最终都需要可以达到每小时约 50000 人次（根据车厢的大小、速度和装载乘客的难易程度）的铁路运输能力。这种情况在加拿大的渥太华（Ottawa）和巴西（Brazil）的库里蒂巴已经发生了，两座城市都在规划用轨道交通取代快速巴士公交（BRT）。非常不幸的是，在第三世界国家的城市中建立快速巴士公交（BRT）的典范城市库里蒂巴，因为该快速公交体系已经达到了它的运输极限，人们又开始回过头使用汽车，所以乘坐公共交通的人数正在降低。"竞争非常的激烈和艰难"，库里蒂巴快速巴士公交系统（URBS）主席保罗·施米特（Paul Schmidt）说："高峰时期主要路线上的公交汽车的到达时间间隔已经只有 30 秒了；如果还有任何多余的公交车，它们也都会开出进行支援。"施米特说过确实需要一个轻型轨道交通系统来补充和缓解快速公交系统的压力。[10]

公交汽车产生尾气排放和噪声问题，虽然这些问题可以分别通过制定排放物排放标准（尤其是通过提倡使用压缩天然气 CNG）和在建筑中配备噪声绝缘材料与设施得到克服，但是这些问题会使吸引其沿途站点区域进行密集型开发变得更有难度。

目前，快速巴士公交 BRT 已经在巴黎、洛杉矶、匹兹堡（Pittsburgh）、迈阿密、波士顿、布里斯班（Brisbane）、墨西哥城（Mexico City）、雅加达（Jakarta）、北京、昆明（Kunming），以及成都（Chengdu）等地进行建设。中国的许多其他城市现在已经发现，相对高速公路而言，快速巴士公交 BRT 是一个能够更好解决人们出行问题的交通方式。正如来自 EMBARQ（世界资源研究所可持续的交通研究中心，the WRI Center for Sustainable Transport）和世界资源研究所（the World Resources Institute）的李·席佩尔（Lee Schipper）所说，"如果中国的城市继续保持过去几十年间的发展势头，（快速巴士公交 BRT。——译者注）交通将会满足中国城市发展的需要，并将会避免随处可见的小型机动车造成的拥堵，那么中国城市将向可持续的发展方向迈出巨大的一步"。[11]

快速巴士公交 BRT 也成为一些政府不为铁道系统提供建设资金的借口。在美国，许多城市正在努力通过选票措施来为铁道交通筹集建设资金。只要有任何建立快速公共交通系统（BRT）的机会，那么通常情况下可从美国联邦运输管理局获得的铁路建设资助就不可能实现，因为与铁路相比，实施快速巴士公交 BRT 十分便宜。快速巴士公交 BRT 往往是发展中国家的选择。但对于富裕的美国城市而言，形势是不同的：给汽车留下的可选择余地必须要更好些。在过去，公交巴士并没有为长途交通提供有效的解决方案，也没有能够为汽车站周边地区提供发展机遇。电动轨道系统似乎是唯一解决方案：它能够提供这种未来发展所需的弹性。许多 19 世纪沿着铁路建设的城市，如欧洲城市和美国，澳大利亚以及拉丁美洲的老城市现在仍然保持着公共运输型城市的城市形态。然而，轨道公交系统需要跟上城市发展的步伐。如果轨道公交准备应对石油峰值和气候变化问题，那么它们需要在城市汽车使用量增加前配备新的机车，并建设新的铁道线路使其能够延伸到那些汽车依赖性很高的郊区。

在一个要求资源完全、高效率使用的时代，城市面临的最大挑战是要为低密度分散布局的、并且高度依赖汽车的城市找到一个建立快速铁路系统的方法。如何在这样的地区建立一个快速的公共交通服务？澳大利亚的珀斯和美国俄勒冈州的波特兰都沿着高速公路建设了快速铁道系统，为这个问题提供了解决方案。因为已经取得了道路通行权，而且铁路和公路在路线坡度变化和桥梁工程等方面是可协调的，所以在这些快速路中间建设电动铁路要比建在其他任何地方都容易。如果按照公交导向发展模式（TOD）的建设能力衡量，高速公路中间的快速铁道系统并不是最为理想的模式，但是可以利用高层建筑做宣传来吸引开发项目。轨道系统与公共汽车，电动自行车和停车换乘间的联系非常便捷，所以从当地达到该快速轨道系统是快捷和舒适的。在珀斯，新南部铁路最高时速达到 130 公里（每小时 80 英里），平均时速为 90 公里（每小时 55 英里），这一速度要比公路交通快30%。设计者们之前认为大部分的郊区密度太低不足以支撑铁路系统的运营,可是最终的结果显示:乘坐铁路的人数戏剧化的增加了,远远超出设计者所预想到的乘客量。与这种高速公路中间的快速铁路公交相比,没有其他的交通方式可以为许多城市中的那些高度依赖汽车的郊区创造更加美好的未来。

在过去的50多年里,我们的城市一直能够为这些高速公路的建设找到大量的资金来源,但是快速电动铁路造价并不低廉,建造1公里的电动铁路和建造1公里的大部分高速公路所花费用几乎是一样的。因此在过渡时期,当还没有明确的资金来源可以为建造电气化铁路提供资助的时候,我们需要利用一些创造性的方法来解决资金的问题。在珀斯,由于采矿业的繁荣发展,州政府曾经一度可以从财政部找到所有的资金支持。政府过去可以支付整个铁路系统,甚至在新南部铁路开通前就付清了所有的建设费用。对于大多城市而言,这却是一件更加困难的事情(尤其是在那些高度依赖汽车的美国城市),因为整个融资进程都是围绕着建设和维护公路进行的。虽然有些地方已经取得了一些进步,使联邦和州立财政拨款转而投向轨道交通工程建设,但因为许多城市正在经历基础设施危机,并正努力维护和升级现有道路与桥梁,所以他们缩减了城市的交通预算。2007年明尼波利斯大桥垮塌的事件引起了人们对这个问题关注。[12]

为了解决资金问题,城市必须寻找创新性的解决方案:例如通过税收资助轨道交通,或者像哥本哈根的新铁路系统那样由土地开发所得直接付款,或者通过像伦敦一样加收交通拥挤税来资助轨道交通。(参见下文)

用地紧张的城市一般会为轨道交通的发展提供资助,例如香港和东京车站旁边的巨大的商业需求意味着轨道交通的发展完全可以通过站点周边的土地再开发得到资助。在财政紧张的城市中,城市经济的转型进程会使得开发资金渐渐地转向公共交通建设。而石油峰值和气候变化将成为城市经济转型的重要依据。

区域中心沿交通走廊布置,并且有足够高的密度,能够为一个高质量的公共交通系统服务

  高密度的城市,例如曼谷(Bankok),没有必要去考虑这种围绕公共交通站点发展的公交导向发展模式,因为当人口和发展已经过饱和时,许多类似的城市需要的是通过公共交通来重新更新和改进城市。曼谷已经开始建设一条穿越在其拥挤的街道上方时速为60公里的快速铁路交通系统,而当地的道路交通时速仅为14公里,公共汽车的时速更是低至9公里。[13]

  但是在许多低密度的城市地区,尤其在美国,许多需要公共交通的社区却不具备足够高的密度,因此公共交通的实施并不具有可行性。可行的公共交通所需要的密度为每公顷城市土地上应有35人和工作岗位(每英亩14人和工作岗位),对以步行和骑自行车为

曼谷的巴士被困在车流中。如果能够在其密集的城市走廊上建设有导航的巴士线路和铁路,这个城市应该能够为公共交通提供一个比汽车运行速度更快的黄金机遇。(供图:戴夫·狄克逊)

主导的交通方式需要密度为每公顷超过100人和工作岗位(每英亩40人和工作岗位)。许多新兴的郊区密度却仅为每英亩6～7人和工作岗位。城市需要通过增加城市地区的密度来支撑公共交通,并能够让更多的人生活和工作在有汽车交通替代方案的地区。当然这是一个鸡和蛋的因果关系,因为在大多数情况下,城市又需要公共交通系统的建设来获得对车站周边地区进行重点开发并提升城市密度的土地利用程序。[14]

公交导向型发展模式(TOD)正在变成规划师、政治家和开发商的指导规划思想,因为它不仅仅可以降低50%左右的汽车使用率,节约兴建道路基础设施所需的费用,还可以通过倡导公共节点的密集型开发帮助城市创造区域中心。[15]城市需要沿着每一条轨道系统来规划公交导向型发展模式(TOD)的节点,这样公共运输型城市的建设就可以成为汽车型城市的解药。轨道连接这些节点中心并提供了人们所需的区域交通运输模式的替代选择。但是在这些节点中心内部,尤其是主要的区域中心内部,应提供步行和自行车优先的交通设施,使短途范围内,人们通过步行和骑自行车的方式最为高效。因此在一个公交导向型发展模式 TOD 的节点内,应该是一个步行城市,并且如同在以往任何一个历史时期一样,该步行城市在当今的经济中可以同样正常运转。在一个汽车型城市中可以建成一个由公共运输型城市和步行城市相结合的组合体,从而使这个汽车型城市更加有弹性。绝大多数澳大利亚和加拿大的城市以及部分美国城市,如波特兰和丹佛正在规划这个"公共运输型城市和步行城市结合体"的概念。这个适合步行的,以公交为导向的节点中心的概念是新城市主义的基础,至少在理论上如此。[16]

澳大利亚珀斯所进行的一项针对新城市主义开发项目的研究显示出了一些关于新城市主义的真相。珀斯的城市建设在过去的20年间发展非常迅速,而在近10年里,许多开发商在进行房地产项目开发的时候,都选择使用一个名为"宜居社区"的新城市主义规划法则,并且收到了许多知名的新城市主义规划专家,如彼得·卡尔索普（Peter Calthorpe）和安德烈斯．杜埃尼（Andres Duany）的关键性建议。这些规划法则确保了将道路变窄并将人行道加宽，而且使高密度、多功能混合使用的社区中心成为可能。这项研究对同一城市同一区域内的 11 个新城市主义开发项目和 46 个常规的郊区化居住社区间进行了比较研究。结果显示出积极地一面，在新城市主义开发项目中，有 9% 的人将在社区范围内的交通方式从开车改成了步行，这使居住在新城市主义开发项目的居民中肥胖的人数减少了 7%，而且人们日常体育锻炼活动的平均时间增加了 8 分钟。这些似乎与改正道路模式是相关的，因为它们使步行成为更直接高效的短途出行方式。然而，在区域一级的交通特性上，新城市主义的开发项目与常规郊区住宅项目没有任何区别，两者间的人均运输燃料消耗是相同的。居住社区范围内汽车出行量的减少被更多的汽车长途使用量所抹杀，特别是对于降低汽车使用率来说并没有起到太大的效果，在这些郊区化居住社区中公共运输交通服务都非常薄弱，当对出行时间进行比较时发现，通过公共交通系统上班所花费的平均时间为 80 分钟，而开车上班所花费的时间为 30 分钟。这项研究显示出的事实是没有一个新城市主义的郊区化社区在其社区的中心真正实现了高密度和多功能混合使用的实际效果，因此，比起常规的郊区化居住社区而言，新城市主义的这些中心并没有提供任何更好的土地使用模式和公共运输交通服务。如果不能够确实的促成所宣称的土地利用模式混合使用和公共运输交通服务，新城市主义将会失信于人。新城市主义的法则中必须引入公交导向性发展的（TODs）政策和切实可行的公共运输交通服务，使之真正成为一个能够创造出弹性的替代发展模式的好方法。[17]

丹佛的居民在过去的 20 年里乘坐公共交通出行的比例不足 1%（尽管他们拥有一个获过奖的公共巴士交通系统），这使丹佛成为全世界应对石油峰值问题的城市中最不具有弹性的城市之一。然而，在 2008 年第 1 个季度，尽管公车费上涨，乘坐公交车出行的人数比例增长了 8%，这个乘客人数的增加主要归因于 2008 年间汽车燃料费用的价格太高。[18] 但是，这座高度依赖汽车的城市正在经历一场城市的重建：在城市建设 6 条新的铁路线。经历了近 20 年的游说过程，"区域交通控制区快速轨道计划"（the Regional Transportation District's (RTD) Fastracks proposal）于 2004 年 11 月进行公投。全社会投票赞成为 1 条 192 公里长，70 个新站点的新铁路线路，1 条 30 公里长的快速公共交通 BRT，以及一个围绕公共运输交通系统集中发展的规划方案提供 47 亿美元的资金支持。目前，丹佛的转型方案被看做是全美国应对汽车依赖性的典范。它成功的一个关键要素是该方案在政治家，区域交通控制区(the RTD)，企业领导人，非政府组织，以及邻里社团间建立了合作伙伴关系。而更为重要的是，目前丹佛将发展重心围绕在公交导向型发展模式中新的轨道公交站点区域的发展和建设，提供了轨道公交可达性高的住宅和商业。这些公交导向型发展模式车站节点的成功开发将决定汽车使用量是否伴会随着公共运输交通状况的改善出现指数性下降。[19]

一项针对澳大利亚城市间运输燃油消耗差异的研究显示，其与强有力的政策影响之间存在三种关系。第一，开发项目距离市中心越近，燃油消耗越低。实际上，只要知道一个开发项目距离城市中心的远近就可以预测一个人燃油的消耗量和温室气体的排放量。这一点揭示了在一个后石油峰值的城市中，相对于继续边缘化的发展模式，对城市中心区的再开发有多么重要。第二，城市密度越高燃油消耗越低。在悉尼，用城市密度来预测燃油消耗量可以达到 70% 的准确率，这一点又一次为那些已经提到过的分析提供了支持。第三，用公共运输交通的服务质量来预测燃油消耗量可以达到 60% 的准确率。高质量的公交服务被定义为一个地区是否能够提供等待时间不超过 15 分钟的公共交通服务（能够提供周末和夜晚的服务）。当然，所有这些实体规划的参数都将进入一个反馈系统而被加大，这也解释了一个常人都明白的道理：如果一旦建设了人们就会来使用，如果人们都聚到了一起，那么就更容易建造它。[20]

## 在城市中心区域把交通优先权给予步行者和骑自行车的人

城市需要给予非机动交通（NMT）－自行车和步行－优先于机动车的交通优先权，尤其是在密度较高的城市中心。可以将整个街道变成非机动车道或者将街道的一半用作步行或自行车道。然而，这仅仅适用于高密度的城市中心范围，那里的出行距离较短，比较适于步行或者骑自行车出行。

城市可以留出整条街道或者街道的一部分作为非机动交通，而且可以根据大多数有合适密度的城市的人口数量进行灵活调整。一些城市正在创造一个由绿色街道所组成的网络，在那里汽车和其他的机动车辆被禁行或者出行受到严格的限制。这是目前在许多欧洲国家流行的趋势，而且在某种程度上，通过丹麦建筑师和城市设计师扬·盖尔（Jan Gehl）的工作，澳大利亚的城市和纽约也开始出现这种趋势。扬·吉尔在规划设计中用步行公共空间取代机动车空间，并且对其他城市如何应对同样的城市议题进行研究，他的一生都致力于城市设计工作，使哥本哈根变得更好。[21]

在哥本哈根和荷兰，人们一直使用自行车的原因在于城市已经提供了自行车道的设施，而且城市正在扩大这些非机动车交通网络。在哥本哈根，超过三分之一的居民骑自行车上下班，在阿姆斯特丹更有超过40%的人骑自行车上下班。现在所有的街道都留出了自行车道的位置，而且使用自行车的人数还在继续增加。[22]

在大不列颠哥伦比亚省（British Colombia）的温哥华，更加环保的运输方案已经在很多重大的方面塑造了这个城市。像许多北美的城市中心区一样，温哥华城区的人口在20世纪70～80年代开始衰减，然后转而递增，在过去的20年间人口增加了135000人。市议会的强有力的领导引发了这次的"回城"运动：议会制定了规划政策，帮助创造高品质的城市空间，建设了良好的自行车道和步行道设施以及可信赖的公交系统（绝大部分是电气化铁路和无轨电车），最为重要的是为高密度的住宅提供了发展的机会，其中包括15%的社会住房

(公共和合作建房)。这一强有力的领导成功地使城市的交通模式发生了转变。一个在 1991～1994 年间所做的调查显示：在温哥华每天驾车出行的次数减少了 31000 辆次（汽车出行占出行量的比例从 50% 下降到了 46%），而不可思议的是步行和骑自行车出行的次数每天增加了 107000 次（占出行量的比例从 15% 增加到了 22%）。在城市中心区驾车出行的比例从 35% 下降到了 31%。最近的一项数据显示，在近 15 年间，步行或者骑自行车出行的比例从 15% 增加到了 30%。

温哥华不仅在城市的中心区创建了一个步行城市的城市形态，而且在沿着架空铁路干线的各个中心节点同样创造了步行城市形态。这一政策非常的成功，吸引了更多的家庭搬回到城市中心居住，以至于那里的学校、幼儿中心和社区中心都重新变得拥挤起来；与此同时，在城区的私家车拥有量降到比 1999 年更低的数值，很有可能温哥华是世界上第一个出现这种情况的城市，尤其是当这一情况能出现在一个经济正在繁荣大发展的城市中。在这些行之有效的

在哥本哈根，36% 的人骑自行车上下班，相比而言仅有 27% 的人驾车上班。（供图：蒂姆·比特利）

关键性政策中有一个被称做"社会基础设施5%政策",根据这个政策,每个开发项目都必须为城市提供相当于开发项目造价5%的资金来建设公共空间和社会基础设施。而且,这些设施由当地社区居民选择,所以克服了许多当地居民对于高密度开发的反对意见,即那种"不要在我后院建设(NIMBY)"的抵触情绪。适于步行的城市或者城市中心区是这些资金的主要资助对象,因为人们喜欢在有吸引力的社区内走动。通过社区的大力投入,所有这些想法已经被组合成温哥华综合性的生态密度规划方案。生态密度被定义为:"意识到高品质以及战略性分布的城市密度可以使温哥华的发展更加可持续,宜居并且经济适用。"[23]

在一个城市的规划中,这些优先考虑的规划重点决定了一个城市的未来。如果一个城市倾向于发展公共交通和非机动交通系统而不是优先考虑机动车道路的建设,那么它将有可能获得一个更加生态的城市交通系统。正如美国的政治家,马里兰(Maryland)的州长帕里斯·格伦迪宁(Paris Glendenning)和新泽西州(New Jersey)长(克里斯蒂娜·托德·惠特曼)(2006)(Christine Todd Whitman)所说:"如果你规划社区时优先考虑的是汽车,那么将产生更多的汽车。如果你优先考虑的是人民大众的生活,那么将会得到适宜步行的,宜居的社区。"

## 保障公共运输交通全天高频率、畅通的服务和连通性

要与汽车竞争,可替代交通模式必须要能够确保通勤时间,轨道公交不仅仅要快速,服务必须要高效和舒适,而且该系统各个不同部分间的连通性必须完全畅通。[24]

对一个公共交通系统不完善的城市进行重新规划是有可能的,这样一来,城市被分割成为一系列的适合步行的公共运输型城区,城区内的公共交通服务将各个适合步行的公共运输型城区连接到沿着城市交通走廊延伸的快速公共交通上。这些城区内的公交系统也

已经在温哥华的空中列车沿线的周边建设了许多新的公交导向型发展项目。(供图：iStockphoto.com）

可以通过一种网络协作的方式在公交站点与各方向的公交线路连接，进而形成一个跨越城市交通走廊间的交通网络。这类似于一个城市分形系统。悉尼已经用这个方式重组了它的城市规划布局，这也是丹佛铁路转型工程的基本方式。中心城区变成了以步行和自行车等交通为基础的地区，而过去和外界隔离，只能依赖汽车与外界联系的郊区，现在可以统一被融入一个不以汽车为通行基础的可持续的公共运输交通网络中。

　　这些规划方案需要使公交系统发挥作用，但是一座城市愿意在公共交通，例如火车和公共汽车上面投入多少资金支持将最终决定这座城市能够提供怎样的公交服务水平。在下一个 10 年间，由于对公共交通的显著需求趋于饱和，城市将需要强有力的领导以确保列车和公交巴士的绝对数量是足够的。这也需要各个级别的政府重新调整其交通财政优先资助的对象。

## 逐步淘汰高速公路和逐步征收交通拥堵税，并将税收直接用于资助可持续的交通设施建设

人们提议建设高速公路经常是为了缓解交通拥堵并认为高速公路可以节约等候时间，并减少由于停车、启动，以及车辆等候时发动机空转所耗费的汽油以及所排放的尾气。基于这些简单想法，交通规划师运用成本收益分析来为高速公路的巨大资金成本做出辩护。那么，建造高速公路真的会节约燃油吗？当然不会，统计数据并不支持这一观点！数据显示在车辆平均行驶速度越高的城市中，人均消耗燃油更多，因为更快速的公路只能意味着人们的通勤距离更远，并且人们会更频繁地使用汽车作为出行交通方式。[25]

那么在城市中的拥挤和越高的燃油消耗有关吗？答案是没有关系，相反，那些交通拥挤越严重的城市燃油消耗越低，而那些交通最不拥挤的城市燃油消耗却越多。虽然在交通拥挤情况较少的城市中，单位车辆的行驶更为高效，但是汽车的使用频率更高，行驶距离也更长，并且人们更少使用环保节能的交通模式。[26]

那么消除交通拥挤总是件好事情吗？如果是通过扩充道路的容量（即通行能力）来试图消除交通拥堵将不是一个好的解决办法。汽车使用量会增加并迅速填满新增加的机动车道。美国得克萨斯州交通学院（The Texas Transportation Institute）在一项对美国城市过去30年交通状况的研究调查中发现，那些投入巨资建设道路的城市和没有大量投入道路建设的城市在交通拥挤程度上没有任何差异。旨在改善道路交通设施的政策很有可能导致更高的汽车依赖性和更多交通拥堵状况的发生。[27]

通过降低城市中汽车的使用来减少交通拥堵，可以成为过去通过建设流畅无阻的高速公路系统来节约燃油消耗的一个替代方式。这一点通过伦敦市长肯·利文斯通（Ken Livingstone）的改革气魄在大伦敦成为现实：他在伦敦执行了此前大家一致认为不可能实行的交通拥堵税征收政策。许多年来 交通经济学家一致建议城市

应通过征收汽车使用税来减少交通拥堵和支付机动车的外部成本。尽管此前新加坡和奥斯陆（Oslo）已经在一些小范围内采取了征收交通拥堵税的措施，但是伦敦是第一个尝试在全市范围内征收交通税的大都市。（纽约市曾经尝试过实施交通拥挤收费，这一提议在市议会获准通过，但是州议会没有批准）。伦敦的方案是围绕城市中心设置了感应器，这样可以确保人们自动支付，也可以对那些驾车穿过感应器警戒线进入伦敦主要街区却没有付费的人进行罚款。最为重要的是，这个政策将所收缴的费用投入到建设更好的公共交通系统中去。从结果而言，机动车的使用率降低了15%，而公共巴士服务得到非常大的改善，一方面是因为所有的公交巴士都容易准时到达，另一方面也因为公交巴士数量更为充足。每天近60000辆的机动车减少量受到那些仍然选择驾车出行的人的欢迎，而且放弃驾车出行的人中有50%~60%的人选择乘坐公交出行。伦敦向全世界的城市证明，通过征收汽车使用税使替代型城市交通发挥作用的政策干预是行之有效的。[28]

在连续6个月征收交通拥挤税尝试之后，斯德哥尔摩的交通拥挤在早晨降低了25%，在晚间降低了40%，一半转而乘坐公共交通出行的人乘坐地铁的比例增加了4.5%（该比例的基数是非常高的）。公民投票通过了这项税收政策。然而当保守党执政后，这项交通拥挤税收政策虽被沿用下来了，却只是将税收的资金再重新投入到新的高速公路的建设中去了。因此斯德哥尔摩在建设弹性城市方面后退了一步。[29]

西欧和亚洲的许多城市都把重心放在建设环保交通模式上，而不是建造高速公路上。这些城市位于世界上最富裕的城市之列。美国城市人均占有的高速公路是拉丁美洲和中国的城市人均占有量的50倍。当城市中的高速公路以每美元城市财富中有多少公里长的高速公路来计算时，那么相对于自己城市的财富而言，非洲和中东国家城市是在自己城市的公路建设上的投入最多的地区。这可能暗示出这些城市对交通发展援助的优先制度比较混乱。[30]

许多城市已经开始重新审视那些提出高速公路问题的城市正成为绿色交通方面的全球领导者：在欧洲有哥本哈根和苏黎世；在北美有波特兰（俄勒冈州）、密尔沃基、温哥华和多伦多。这些城市有的曾经面临新高速公路的建设问题，并且通过努力最终使建设计划落空（如在简·雅各布斯的帮助下的多伦多），或者有的是拆除了一条已经存在的穿越城市将其分隔开来的道路（如密尔沃基），抑或是拆除了一条已经存在的阻断城市和自然环境间联系的公路（如波特兰）。这些城市都转而选择采用其他更加绿色环保的交通方式，例如轻型轨道交通，城市绿带，自行车道，车辆减速措施，以及与都市村庄的发展概念相结合，这些城市都得到了蓬勃的发展。

城市要认真面对石油危机的下一个主要问题是要移除一些高速公路。在沿着一些高速公路建造快速铁路的过程中，城市是有可能将以汽车为导向的公路转变成同样适合于步行和骑自行车的交通系统。这个运动被称为"完善街道"。在1989年洛娜．普列塔（Lorna Prieta）地震后，圣弗兰西斯科决定不重建恩巴克德罗（Embarcadero）滨海高架高速公路。虽然一共进行了三次投票表

伦敦的交通拥堵税减少了15%的汽车使用，其中50%~60%的人转而乘坐公共交通。（供图：iStock.com）

决才达成这个一致意见,但是 滨海高速被成功的重建为一个可达性更高的,包括轻轨交通以及步行和自行车道的绿荫大道。一项进行多年的对车辆减速措施的研究显示,通过一系列的措施如改变交通模式,减少闲逛的车辆(寻找停车场或者为停车而行驶),并且调整土地利用模式使其更适合新的交通运输量,城市已经适应并产生更少的车流。跟随着交通理念的改变,这些地区土地利用也得到了复兴。[31]

这些工程项目同时也表明,正如参与公共空间规划设计项目(Public Spaces)的戴维·伯韦尔(David Burwell)所说,我们应该"把交通看做公共空间。"[32]从公共空间的角度看,高速公路的确是非常不适宜的方式。然而,当机动车,骑自行车的人,步行者,公交巴士专用线或轻轨通过完善的设计变成一套完整的交通体系时,所有这些连同相关的吸引大众的土地利用规划,使林荫大道变成人们聚集的场所,使城市生态变得更美好,并且使城市在石油危机和气候变化两大关键因素影响下的将来更具有弹性。

在美国,国家街道完善同盟(the National Complete Streets Coalition)正在受到关注,因为他们使联邦政府改变了政策并且开始支持一个完善的街道系统的创造,即使"各种年龄和能力的步行者,骑自行车的人,驾驶汽车的人以及乘坐公交车的人都能安全的在街道上行走或者穿越街道"。在英国,一项名为"裸街(Naked Streets)"的运动通过减少汽车专用指示系统,尤其是通过去除那些专为驾驶汽车所准备的广告和交通标志来促使车辆缓行,因为去掉交通标志牌意味着驾驶员必须沿着没有任何指示的公路行驶,所以他们会减速。一个知名的公众政策智囊团,民众协会(The Demos Institute),已经展示了公共交通如何可以帮助城市创建好的公共空间,而好的公共空间反过来又可以塑造城市。随着交通工程师对这种新的交通规划理念的认识日益加深,道路减速运动已经蓄势待发了。正如从事公共空间规划(Public Spaces)项目的安迪·威利-施瓦茨(Andy Wiley-Schwartz)所说:"道路工程师们已经意识到他们所从事的是一项地区开发的事业,而不仅仅是一项设施发展工作。"他称之为"道路减速运动(slow road movement)"。[33]

## 持续改进汽车引擎设备,尤其是使机动车向电动汽车方向发展

对于许多城市尤其是美国的城市而言,石油问题的解决办法仅仅围绕在如何创造更加高效节能的汽车上面。然而这并不足以解决石油峰值的问题。燃油消耗并没有被消除,因此这只不过是在所要求的时间内做出的一个小贡献而已。然而,电动汽车将是石油峰值问题的解决方案中必需的一部分。当然,它不能解决交通拥堵,恶性交通事故,以及人们将时间浪费在与外界隔离的汽车中所带来的精神和社会上的问题。但提高机动车效率只是整个弹性城市规划战略中的一部分。

许多评论家看重的是不同种类运输模式在理论上的潜力,仿佛它们真的能够提高实际上的载客量。比如,如果一个公交巴士的线路是穿行在高度分散的郊区中,虽然这些载客量不容易被改善,但巴士的总体载客量却是千差万别的。主要的衡量指标是汽车的载客人数——它实际能够运载 4 个人而不是平均每车运载 1.52 人——然而,汽车平均载客人数低的现象是非常地普遍(从每部汽车平均乘坐人数最低为 1.2 人的日内瓦和维也纳到最高为 2.5 人的马尼拉),以至于人们似乎不可能期望汽车会有更高的平均载客人数。事实上,拼车的方法对提高载客人数几乎没有什么潜在影响,因为它只是在早晚通勤这个非常有限的时段内发生。而另一方面,公共运输交通却有更高的乘坐比例,从马尼拉的每车 3.4 人次(每辆随停巴士)到孟买的每车 129.3 人次(车顶上经常还坐着很多人)不等;所以改变公交系统的平均乘坐人数存在潜在的可能性;而列车仅仅需要增加车厢的数量即可。在所有的城市中,创纪录的高油价都意味着乘坐公交人数的剧增(大多数城市增加了 10%~15%),

美国的街道完善运动和欧洲的裸街运动都在努力做一件事情：确保公共交通使用者，步行者以及骑自行车的人能够和驾驶汽车的人拥有同样多的街道使用权力，正如图片中的加利福尼亚圣克鲁斯（Santa Cruz）的河畔街所示。（供图：Glatting Jackson Kercher Anglin, Inc.）

但是并不是所有的城市都具备更多能力可以使载客量增加到一个新水平。似乎没有任何一个城市报告说通过拼车，每辆车的平均载客人数大幅度增加了。

另外一个提高汽车燃油效率的方法是提高车辆的科技。然而，由于我们这个时代技术的方向性的原因，这个问题往往是被分配给工程师去解决。自从1973～1974年间的第一次石油危机以来，解决问题的方案就已经被定位在创造科技上更高效的汽车和卡车了。到目前为止，许多评论家仍然认为这是最为重要的应对石油峰值的措施。例如，杰里米·莱格特（Jeremy Leggett）曾经建议，如果美国车辆的燃油效率能提高2.7加仑每英里，那么美国对中东的石油依赖将降为零。那时从中东地区进口的石油占美国所用石油的11%，然而在2008年美国有60%的石油还是通过进口，其中有21%的石油来自于中东（当其他地区的石油已经开始衰减时，中东地区的比例一定会上升）。即使杰里米·莱格特的这个观点是正确的，他仍然以机动车燃油效率提高后不会有更多的人开车为前提假设，而且尽管燃油效率被提高了只有10%～15%，在过去的20年间，却已经有越来越多的美国人使用汽车。因此，这并不是我们所需要的应对石油峰值的根本解决方案。[34]

毫无疑问,近年来汽车发动机变得更加高效了。例如,在2007年12月,乔治·布什(George W.Bush)总统签署了2007年清洁能源条例法案,要求汽车制造商在2020年前将机动车每1加仑汽油的行驶里程提高到35英里每加仑。然而,在美国和澳大利亚,燃油效率的提高被重型车辆比例的增加和道路上行驶着的更多的车辆数目所抵消了。时代的恐惧导致了越野车(SUV)和悍马(Hummer)的产生,而不是技术空想家们兜售的轻型节能汽车。因此美国的汽车的燃油效率从1987年的26.2英里每加仑降低到了2001年24.4英里每加仑,而澳大利亚汽车的平均效率比20世纪60年代还要低。[35]但是欧洲和中国的汽车燃油里程标准正在被提高,这很可能造成整个汽车行业的震荡。

历史将会对在石油峰值来临前的最后几十年我们汽车燃油效率的降低有不好的评判。我们在汽车燃油效率方面的确取得了巨大的科技进步;但是它们仅仅是需要被纳入到主流中去的一部分。单单它们自己永远无法解决城市的这些问题,但是所有的城市问题都需要更加生态的交通解决方案。[36]

在我们之所以要替换汽车燃料以及提高发动机效能的一系列原因中,低效能的发动机对于空气质量的影响是其中一条最为紧迫的理由。来自世界各地城市的空气质量数据显示,空气质量问题持续不断的出现。将近20年来,在大多数的发达国家的城市里尽管开车的人数持续增加,车辆和燃料技术的改进已经成功地使城市整体环境空气污染水平维持稳定甚至降低。目前,这一情况开始趋于恶化,在美国,121座城市污染物空气质量已经超过标准;这代表了有40%的人口暴露在有毒性和引发哮喘的空气中。[37]

我们需要建立国家级和国际级管理规则,逐步淘汰四轮驱动和大排量汽车的过多使用。但是有一个问题需要提出,什么是未来最佳的交通技术?目前人们对插电式电动混合动力车(PHEV)的共识日益增长。由于新型的电池,例如锂镍电池,以及混合动力引擎可以提供更大的灵活性，插电式电动混合动力车现在已经成为可行的燃油汽车替代方案。通过使可再生能源具有存储功能，插电式电车一定可以成为一个城市电力电网的重要组成部分。电动车辆在夜间被充满电后，第二天没有被使用而是接通电源时，它们就可以成为用电高峰供电者的一部分。用电高峰是一个电力系统中的最昂贵部分，而突然间可再生能源提供了最好和最可靠的选择。因此，要成为一个弹性城市，可能需要可再生能源和电动车辆间通过智能电网（见第4章讨论内容）进行结合。电动公共汽车、电动踏板车和电动小汽车以及电动汽车在未来的弹性城市中都将扮演着重要的角色：帮助城市建筑通过可再生电力充电以及帮助消除城市交通对石油的需求。电气化铁路已可以通过吸收太阳能充电，或者通过电网对架空电线供电的形式充电，当然建造在高速公路下驶入新的郊区而不需要架空电线的新型轻轨（配备新型锂镍电池）也是一种形式。在很多示范项目中出现了交通正在向电气化交通转变中的迹象，例如在加利福尼亚的谷歌（Google）160万瓦太阳能校园（含100辆插电式电动混合动力车 PHEV），这一转变也被石油公司收购电力设施的事实所证明。[38]

这将会有怎样的影响？根据一项研究，混合动力汽车与电力网的结合每年可以减少850亿加仑的汽油消耗。这相当于：

全美国温室气体排放量减少27%
石油进口量减少52%
以及节约了2700亿美元的汽油花费[39]

一个弹性城市的真正考验在于城市如何整合这些电动汽车和电动公交。

## 强有力的区域化和地方化管理以及强有力的市民支持以确保有远见的绿色环保交通

城市是个有机体,既作为一个在整体的区域系统工作,同时也作为一系列的地方性零部件工作。在区域一级和地方一级,它们都需要可行的管理系统为更具弹性的城市提供更加绿色环保的交通选择方式。

过去的远景总体规划和区域治理结构使各地政府修建城市高速公路和建设以汽车作为主要交通工具的汽车城市。现在,城市需要新的远景规划以产生政治发展势头以及为他们创造无油城市筹措资金,同时还需要可以执行规划方案的治理结构。区域性交通管理结构在加拿大和澳大利亚的大多数城市中都存在,而在美国仅存在于一个较小的范围上。[40]

波哥大和库里蒂巴都依赖区域管理系统,城市资本和世界银行的支持来建设他们转型中的公交系统。孟买和加尔各答(Kolkata)同样有一个区域性的管理系统来经营管理它们的大规模运输系统。没有这个管理系统的大城市会发现区域化公交是难以实现的,而美国的城市必须克服区域内多级政府结构并且创造协调一致的区域性规划。在波特兰,通过一项由俄勒冈州所设立的法定程序,区域性规划已经非常成功。将可能产生类似的程序,把来自于地方政府和大都市新生的、自发的规划组织融入一个更加协调一致的未来。[41]

只有当纳入地方公交系统,区域性公共运输交通系统才将得以正常运转。由于城市不同的组成部分具有不同的经济功能,因此,地方政府、市民以及工商企业都需要想办法解决他们所面临的石油峰值和气候变化问题。那些在建设区域性公共运输交通系统上做得最好的城市,例如苏黎世、慕尼黑、香港、新加坡和东京,同样也都具有活跃的地方性交通规划程序。苏黎世甚至还允许每个行政区自行选择各自公交系统所需要的公交时刻表。

调查不断地显示,人们希望看到在他们的城市中更生态环保的交通方式能够得到更多的优先权。在珀斯，当人们被问到他们是否认为城市需要更多的公共交通，步行以及骑自行车等交通方式而非汽车，78%的人表示同意；而后当他们被问到是否愿意将城市道路建设资金转而投入到这些环保的交通模式中，87%的人认同这个观点。这些意见鼓励了政府转移交通发展重点；政府将用于公交和道路建设的花费比例从1比5调整为5比1，因此而建设的铁路系统的乘客人数在15年间从700万上升到了5000万。这一执政纲领为政府赢得了4届州议会选举。在90%的支持率下，南方铁路（Southern Rail）在2007年开通，该铁路的建设大受欢迎，政府在铁路系统开通前就能够全额偿还所有的债务。在巴西的阿雷格里港（Porto Alegre），一项人民预算方案要求市民制定城市建设资助经费的优先次序，绝大多数的社区选择将发展更加绿色环保的交

在高达90%的支持率下，珀斯开通了新南部铁路，日乘客量达到50000人次；州政府在铁路系统开通前就能够全额偿还所有的债务；新的公交导向型发展的节点中心的发展策略是切实可行的而且吸引了大众，例如那个位于珀斯海滩并替换了一条高速公路的公交导向型发展节点。

通模式置于发展建设更多的道路之上。在美国威斯康星州的密尔沃基市,一项调查显示70%～85%的被调查者喜欢公交巴士和铁路的交通方案,而"更大的高速公路通行能力"排在最后,只有59%的支持率。征收燃油税是用来支付这种交通改善的推荐方案。而且在俄勒冈州,交通运输优先计划方面也显示出相类似的公共交通交优先于高速公路考虑的观点。[42]

在过去,交通优先权一般由政策制定者和工程师们制定,而非公众。但是在美国和其他一些地方,选举人开始明确地表示,他们需要更好的交通方案选择权而且他们愿意付出资金。在2000～2006年间,32个州的选民投票通过了超过70%的交通议案,共产生了超过1100亿美元的投资,其中大部分将被投入到公共交通建设中。

美国交通的资金资助系统要求大都市圈各个区域要通过一个大都市圈规划发展组织(MPO)来发展和制订出一套交通优先的计划,而大都市圈规划发展组织(MPO)可以通过各州向国家申请联邦基金。这一模式可以延伸到弹性城市议题的各个方面,通过提供核心管理的方式为城市向更少依赖石油的城市过渡提供资助。这一想法作为能够产生综合解决方案的一个关键途径在最后一章节中将作认真阐述。

### 这些变化将会在燃油的使用上带来指数性的下降吗?

如果我们引进所建议的汽车和燃油变革并且建设完善的公共交通系统,我们可以期待怎样的成果?这些科技的变革以及土地利用的变化会有助于实现我们所需要的弹性城市吗?它们会在燃油使用方面实现我们所需要的指数性的下降吗?我们相信,上述的各种政策的支持可以扭转几十年来以汽车为导向的规划模式。

## 结论

城市需要对未来的愿景,即它们如何能够通过克服汽车依赖转而使用可再生能源而进行转变,继而使城市能够面对石油峰值和气候变化等问题。而且他们需要强有力的和有前瞻性的政治领导人,这些领导人可以克服各种各样的阻碍,使这个愿景得以实现。最后,本章节将对珀斯和波特兰这两座非常依赖汽车的城市向弹性城市的转变做出评价。它们的故事非常相似,都带来了一些希望,即以汽车交通为基础而规划发展起来的城市还是可以悬崖勒马的。

都建立在曾经的"荒蛮西部",波特兰和珀斯都是以资源开采为基础而发展起来的西海岸城市。在战后时期,它们都像大多数城市一样发展,它们的城市形态都被汽车所塑造。两座城市都在20世纪70年代经历了痛苦的政治对抗,其中涉及了后来对城市具有极大破坏性的高速公路问题。经过成功的民众运动,两座城市转而都选择了建立铁路系统,看看能否为城市的未来提供一些机遇。在过去的20年间,波特兰的铁路系统已经延伸了大约44英里,现在共有64座车站,每年乘客总数达到3400万人。在珀斯,铁路系统已经延伸了108英里,共有32座车站,目前每年载乘客约为5000万人。此外,从1996年以来的10年间,乘坐公交通勤的人数已经从5%上升到了10%。在这两座当时并非真正密集的城市中都有公共交通的成功事迹,可以促使大多数的交通规划者认为铁路是切实可行的。

这些决策改变了波特兰和珀斯的土地利用模式。这两座城市都有大约20个活跃的在建公交导向型发展的节点中心(TODs),因为对于适宜步行的,密集的混合用途的市场开发的需求在急剧增长,开发商投入了相当可观的资金用于这些站点周边项目的开发。两座城市都实行强有力的区域性管理,以此帮助建设这种更为弹性的城市形态。但是隐藏在两座城市背后的驱动力一直都是对石油峰值和气候变化问题所具有的高度的认识和在政治上态度积极的公民,他们已经在寻求解决问题的办法。

在珀斯,不应该低估"精明出行计划"(the Travel Smart program)对于帮助实现这种汽车交通文化转型所起到的重要作用。在珀斯,超过三分之一的人受到过精明出行计划职员的访问,并获得了个性化建议,即关于如果减少汽车使用以及如何更加适应公共交通、自行车和步行。结果显示,超过 15% 的人对汽车的依赖性变得越来越小。政治推动力的产生往往来自于决策可以带来什么样的结果,例如可以带来非凡的资金周转以及对新南部铁路建设提案高达 90% 的支持率。多年来,波特兰也推行了"精明出行"和其他社区参与计划,帮助引导市民投票支持一个更具弹性的城市。

如果这两座高度依赖汽车的城市可以走向更有弹性的发展模式,那么可能任何一座城市都可以迈向弹性城市,因此怀着这种感悟,我们来看看最后一章。

# 第6章
# 结语：通向弹性城市的十项战略步骤

我们可以从石油峰值和气候变化的挑战下创造出弹性城市。在论述一些城市如何降低汽车使用率以及如何发展新型可再生能源来为建筑和交通运输供能的时候，我们已经提供了一些弹性城市的模型。本章将把所有充满希望的愿景，连同一些使城市迈向更加弹性的实践性战略全部汇集在一起。这些战略会涉及政府、商界、专业人士、社区团体和个人家庭等等城市所有的部分。

十大策略建议：

- 设定目标，准备一个可执行策略。
- 在工作中学习。
- 使公共建筑、停车场以及道路结构达到绿色环保标准。
- 结合 TOD、POD 和 GOD。
- 逐步向弹性基础设施过渡。
- 尽可能使用价格手段来驱动变革。
- 重新考虑降低石油依赖性后的郊区。
- 更新家庭和社区。
- 促进本土化。
- 为后石油时代转变批准新的法规。

## 设定目标,准备一个可执行策略

城市需要建立应对石油峰值危机和气候变化的弹性策略来引导必要的变革,这其中包括:加大基础设施支出,尤其是在城市远郊地区公共交通方面的支出,建立新的规划体系以调整城市结构以减少"车辆行驶里程(vehicle miles traveled 简称 VMT)"和能源消耗总量(例如通过智能电网系统的建设),设立节能建筑和车辆方面的新法规,以及通过针对普通家庭的宣传运动。

目前人们对于气候变化的认识程度很高,但是石油峰值的问题没有得到人们的普遍重视。人们大都将矛头指向石油公司、投机者、银行和石油输出国组织,因为这比起降低石油消耗、寻找石油替代品等等不受欢迎的政治立场来说要容易得多。对石油峰值和气候变化的回应,必须在供求关系上转变立场才能根本解决这个问题。需要通过联合国和其他类似于亚太经济合作组织来举办全球性的会议,以此来设定发展目标并且共享那些如何能让世界经济远离石油的信息。这些策略需要涉及各级政府,特别是离城市最近的那一级。国家、地区和城市需要创造一个远景规划,即如何减少对石油的依赖和如何减少二氧化碳排放量。

昆士兰州(Queensland)布里斯班制定了一项应对石油峰值和气候变化危机的战略规划,可以作为一个范本应用到其他城市。市区覆盖了布里斯班区域的大部分地区,但不是全部,所以它仍需要昆士兰东南区(SE Queensland Region (SEQ))的余下部分也加入到这个战略规划中。战略规划发展专职小组由大学、企业和非政府组织领导人组成,小组进行了一系列的社区工作,并在 2007 年 3 月提交了报告。报告显示为城市做好准备应对危机是多么的重要,但同时该报告也将这次危机看做是新的就业机会。这份报告包括共计 31 项,跨越 8 个战略领域的建议,这 8 个领域包括:领导和合作、决策、交流、规划、可持续运输、防备变化、自然资源多样化以及相关研究。报告设立了一个 2050 年温室气体净排放量为零的目标

（2020年实现家庭碳中和）。目前已经采取一些步骤来实现这一目标，例如能源效率健全法规的实施，增加对可再生能源的投资，致力于建立一个区域性碳储备基地，重点发展"公交导向发展模式（简称TOD）"和"交通需求管理（简称TDM）"，以确保公共交通的优先性。该小组还提交了一个"2020年的20%"的目标，试图以此作为行动指南（但没有被正式采用）。

20%的运输燃料来自非石油资源（专责小组最终推荐了一个比之更严格的目标）
20%的电能来自可持续资源
另外20%地区被植物覆盖
20%家用水来自雨水或者"中水"
20%耗水量绝对降低
整个区域的居住密度增长20%
另外20%的房子使用太阳能或者燃气热水
城市交通的20%是公共交通
城市交通的20%是自行车或步行
中心商务区20%的道路空间是行人专用区。[1]

远离石油依赖的过渡策略必须以政府、商界和民间社团之间的合作为基础。加拿大哈密尔顿的能源策略演示了这种合作方式，促成了"气候保护合作伙伴（Partners for Climate Protection 简称PCP）"的建立。[2]

通过一项承认石油峰值危机和气候变化的决议是走向弹性城市的至关重要的一步，但是决议之后必须要有一个实施变革的计划，这也是为什么会有人批评那些在签署了"市长气候变化倡议"或者"京都议定书"之后没有采取实质行动的城市和国家。石油和天然气的价格持续上涨的同时又没有明显的替代选择将最终会演变成一个重大的政治难题。

一些决策者开始采取重大步骤实施碳削减计划。2008年伦敦市长肯·利文斯通（Ken Livingstone）承诺削减伦敦公共建筑25%的碳排放量，通过引入能源公司来保证这些能源节约。利文斯通宣布计划时说："今天是一个转变的开始，伦敦市的建筑将从城市二氧化碳的主要排放来源转变为一个现代、低碳高效的指路明灯。"[3]

在创造一个有效的实施计划之前，必须做一个分析，即要用什么样的方法来改变我们的建造方式，以及改变人们在城市地区的交通方式以及出行范围。然而这不是个小任务，现有的行动倡议已经提供了一些见解，而且已经有越来越多的工具可以被地方政府用来创造并完成一个战略计划，包括一个由后碳城市组织[4]所创造的新指南，和由诸如克林顿气候变化领导小组（Clinton Climate Leadership Group，www.c40cities.org，与市长利文斯顿Livingstone、市长布隆伯格Bloomberg等人合作）以及地方环境理事会（简称ICLEI，www.iclei.org，与加拿大安大略省哈密尔顿市及许多世界各地的其他团体合作）这样的组织所提供的资源。新城市主义大会，一个长期以来倡议适宜步行的、混合使用的社区的城市设计组织提供了一个减少汽车依赖的10步策略（见cnu.org）。布鲁金斯学会是一个非营利性的公共政策组织，它提供了一项在大都市地区减少二氧化碳排放量的政策议程（www.brookings.edu）。[5] 也有一些全国性团体在地方的行动倡议，如谢拉（Sierra）俱乐部在纽约的"超越石油"，其目的是帮助纽约为高价燃料做好准备并适应气候变化（beyondoilnyc.org）。

没有公众的全面参与，石油峰值和气候变化的弹性策略是不可能实现的。这些参与进程已经被很好地记录下来并在全球范围内展示。这些进程曾经使公众参与珀斯的战略发展计划和国家可持续发展战略，而关于城市发展的对话是根据"美国讲话"（鼓励市民参与公共决策的一个非营利组织the America Speaks。——译者注）的模式，这一模式曾在9/11协商中使用并在其他美国城市中沿用至今

(见 www.Americaspeaks.org)。这些参与过程的价值不能因为最终社区不得不支持长期目标，或者因为它的目标不明确而被低估。[6]

接受一个应对石油峰值的弹性城市议程需要民选官员跳出固有的框架去思考问题，并真正关心石油峰值问题的影响以及在可能延伸到典型的 2 年、4 年或 6 年的选举周期以外的未来所产生的结果。政治勇气、强有力的领导和有知识的官员这三者都是必不可少的，虽然他们可能是供不应求的。我们所需要的是一种能够重视未来的新政治，一个深知激励、资助，以及建立和培养新铁路系统和可再生能源的科技与市场的重要性地新政治，并且还是一个将打造出一种新能源生产途径视为各级政府的法定职能（尤其是地方一级政府）的新政治。

这些愿景可以统一协同工作，并且产生协作和伙伴关系。希望的基础将由此形成。

## 在工作中学习

更富弹性的可持续太阳能城市的解决方案需要在工作中学习。弗赖堡市称之为"在计划中学习"，他们一定在沃邦的发展中学习了很多，在沃邦他们创造了一个全新的可持续城市的发展方式，即设立强大的目标并要求由一个非政府组织来实施。关于怎么样创造无车、碳中立城市并没有现成的模型，弗赖堡市知道这一点，因此他们必须发明一个模型。学术圈将这种新的管理方式称做政策学习。综合的、跨学科的解决方案是解决困难和复杂问题的最好方式，这并不是什么新鲜的说法。但是创造一系列的工作程序，使在决策过程中能够留出一定的空间产生这种综合的解决方案则是一种创新。在这一系统中能够为决策过程留出空间是关键，因为专业人员需要能超越本专业去思考一些更深层次的、无人尝试去思考的问题。在任何项目中，这意味着你需要花时间去了解任何由工作程序所产生的政策学习。

弗赖堡市所创造的工作程序的天才之处在于他们理解社区参与的重要性，因为这给那些参与者一个机会去反思他们过去所惯用的解决问题的构架。这样才有机会出现真正的创新，而且，当专家们在这项工作中学习到新的内容时，他们也能够提供更好的建议。[7]

这一点尤其重要，尤其当项目中存在潜在的更深层次社会问题，如"记述"性科学和以收集有关问题的数据的工程之间的冲突，又例如"记述"性科学和涉及世界观与价值观的"解释性"艺术之间的冲突。工程师和规划师之间的冲突是众所周知的，并且有可能在我们处理弹性城市的未知领域时加剧。正如布拉德伯里（Bradbury）和宙纳（Raynor）所说，我们要"调和不可调和的矛盾"。当技术专家有足够的空间与其他领域的专家以及社区进行互动时，新的观点往往会产生新的解决方案。[8]

在 19 世纪，当人们需要解决城市问题时，工程、城市规划及环境保护方面的专业实践在一开始都带有强烈的道德指向。当会议室和政府委员会的专业人士的地位和可信度上升时，对道德部分的考虑不得不减少。允许人们关注的重点几乎都集中在指南、标准和认证的使用，以及对"最优方法"的讨论。这样一个过程将不可避免的继续沿用以专家意见为主导的方式。但是，可持续发展的复杂性以及在我们这个历史阶段中的城市弹性则要求更多的内容。如果我们依赖过去的指南和标准，我们将无法解决自己所面临的重大问题。石油峰值和经济去碳化即将席卷我们的城市，我们将措手不及或不能在专业层面上做出回应。年轻的专业人士正在逐渐打破这些模式，而且像 Parsons Brinckerhoff、Arup、CHD 以及 Maunsells 一类的咨询公司正在采取全新的方式，因为他们看到了向可持续发展转变的必要。这些公司是可持续发展的尖端，因为它们在工作中学习。[9]

## 使公共建筑、停车场以及道路结构达到绿色环保标准

通过考核所控制的土地和建筑，市政府和州政府可以应对更大的对于可持续的交通和太阳能建筑的需求。在第4章中，通过墨尔本的 CH2 建筑，我们看到了具有标志性和创新性的针对能源高效性建筑的管理方法，这栋 CH2 建筑能够输出太阳能并且将污水处理成清洁水。同时，政策制定者可以示范在可再生动力运输车辆方面的先进领导力，例如斯德哥尔摩的沼气卡车和由污水驱动的汽车，以及卡尔加里的风电驱动的轻轨。

一个城市示范减少汽车依赖的最鼓舞人心的方式是：对交付给汽车，也就是停车和道路空间的公共空间的关键区域采取措施。任何城市三分之一的空间都是供汽车使用的沥青路面。所有这些停车空间成本很大，而且是不毛之地，但是很少有城市进行探索并论证在一个去碳化、后石油峰值的世界，我们将如何更好地使用这些空间。

哥本哈根通过逐步减少停车空间，慢慢将街道改造成为公共空间，可以说已经成为全世界最适宜步行和骑自行车的城市。(供图：蒂姆 · 比特利)

过去 30 年中，哥本哈根市每年取消街道和广场上 2% 的停车空间，创造了行人区域。这座城市的自行车和步行数量每年都在增长（现在占交通出行方式的 36%），汽车使用量则减少了（目前是27%）。然而这座城市变得更受大众欢迎，它成为一个生活和工作的地方，并且增长了城市通过服务业创造财富的能力。因为停车空间被移除了，坐在广场上的人和步行区域内人的数量持续增加了。[10]

韩国首尔移除了一条巨大且建设在市中心主要河流上的快速路。由于对城市环境的负面影响和对河流的破坏，这条快车道备受争议。现在一个 6 公里长的城市公园沿着这条已经恢复原样的河流建造，给城市带来了快乐，而因为公共交通和车辆减速措施帮助减少车流，实际上交通车流消失了。其他汽车饱和的亚洲城市正在计划取代它们城市中心的高速公路，在丹麦的奥胡斯（Aarhus），人们挖开了一条主要的公路来显露奥胡斯河并且在其沿岸创造了精彩的公共空间。也许步行空间和代替城市道路的绿色空间的长度将作为一个城市的弹性潜力的指标。

在美国进行着类似的工程（例如街道完善运动），在纽约市，每个社区都在创造新公共空间，还包括在公共空间项目所记录的许多工程（见 pps.org）。

在除去城市仅供汽车使用的基础设施、提高公交运输能力和步行等方面，相当多的城市已经获得了象征性和经济上切实可行的益处，但是大量极度分散的远郊地区仍然严重依赖高速公路。这是可以改变的。城市可以优先考虑为这些远郊区提供沿着高速公路运行的快速铁路服务，以期在一个石油峰值和气候变化对燃料使用产生压力的时代，保护这些地区的经济。

## 结合 TOO、POD 和 GOD

"以公共交通为导向的发展模式 (Transit-oriented development，简称 TOD)" 已经成为减少汽车依赖的一项重要技术手段。TOD 中心 2008 年的一项研究显示,公交导向型发展的项目中,使用汽车的人比传统郊区少 50%。在澳大利亚和美国的公交导向型发展地区中,住宅在燃料价格上涨的压力下保值最好或者升值最快。城市土地协会 2008 年报告,"房地产新兴趋势",同样表明公交导向型发展在高端市场增值最快,在低档市场保值最好。[11] 为了完善可持续发展的议程,"行人导向型发展(pedestrian-oriented developments,简称 PODs)"和"绿色导向型发展(green-oriented developments,简称 GODs)"需要和公交导向型发展一样被提出。

澳大利亚所有城市和美国部分城市的都市发展战略中认识到了公交导向型发展的优势,这些都市发展了战略性的沿着交通走廊布局节点中心来减少汽车依赖性的政策。对公交导向型发展的主要需求不在城市内部地区,那里的公交站点周围可能已经提供了综合性

奥胡斯河替代了城市的一条主干道,被看做是一项新的城市公共空间工程。(供图:扬 · 盖尔)

的服务以及住房。但是在过去 40～50 年间新建的偏远郊区，公交导向型发展可能并不存在或者公共运输交通可能还在规划阶段。这导致了许多社会公平性问题，例如穷人们逐渐被高额交通费困在城市边缘。经济适用房是公交导向型发展中一个重要的考虑因素。

公交导向型发展中心所做的一项研究表明，在美国，大量的对公交导向型发展的需求都被压制了。在一次横跨几个州的调查中，该中心估计有 1460 万个家庭希望住在距离公交导向型发展地区半英里以内。这比现在住在公交导向型发展地区内的人数的两倍还要多。市场是基于这样一个事实，即现在住在公交导向型发展地区的人（和不在 TOD 的人具有相同的平均收入和年龄，家庭更小）因为不用供养那么多汽车，从而节省了家庭收入的 20%；公交导向型发展地区内每户拥有 0.9 辆车，该地区以外的每户是 1.6 辆。这样每户每年平均节省 4000～5000 美元。[12] 在澳大利亚，一项类似的计算显示，不开车将使一个人一生节省 750000 美元的退休金。最重要的是，这项额外收入很可能被人们花在了城市的服务业上，因此这意味着公交导向型发展手段是一种地方经济发展途径。

公交导向型发展同时必须也是行人导向型发展，即以步行为导向的发展模式，否则，它们将失去作为吸引商业和住宅的无车环境这一关键性的品质。既满足公交导向型发展又同时满足行人导向型发展，这种情况不会自主发生，它需要城市设计者的密切关注。扬·盖尔的规划对哥本哈根和墨尔本的中心地区的转变正在展示一些原则，这些原则关乎怎样改进公交导向型发展的空间从而使之更适于步行，更经济可行，更具社会吸引力，以及更具环境意义。[13] 对那些想要声称自己是可信赖的绿色环保开发商而言，有一点是非常重要的，即不论他们的建筑多绿色，设施多么可再生，在后石油峰值世界，分散性城市发展项目都会被视为失败的，除非他们正在建设方便步行者的公交导向型发展项目。

同时，完全依照行人导向型发展的原则而进行设计的公交导向型发展模式也需要遵守绿色导向型发展，即以绿色为发展导向的模式。公交导向型发展需要确保它们有全方位的太阳能装置,并以可再生能源为动力,有水敏感设施,使用可循环和低环境影响的材料,并且包含绿色屋顶这样的创新之处。

也许一个最好的 TOD-POD-GOD 例子是悉尼科加拉市(Kogarah)广场的重建。这个位于市中心的发展项目建立在一个大的邻近主要火车站的市议会停车场上,这个火车站附近有一些业绩不佳的商业。该地区现在是一个蓬勃发展的多功能混合使用的发展区,共有 194 套住宅、50000 平方英尺的办公和零售空间、包含一个公共图书馆和市广场的 35000 平方英尺的社区空间。建筑利用每个窗户上的太阳能架来最大限度使用太阳(夏天提供阴影并使光线深入渗透到每个房间)。屋顶上安装了光电收集器,所有的雨水收集在一个地下水箱中,用于冲洗厕所和灌溉园林,可回收利用且对环境影响低的材料被用作建设材料,基地内的所有居民、工人和访客需要走一小段路去往火车站(这样减少了停车需要)。相对于常规发展,科加拉市广场节省了 42% 的水和减少了 385 吨的温室气体的排放——这还不包括运输石油方面的节省,这项开支很难估计,但是很可能会更加可观。[14]

科加拉市广场,为数不多的结合 POD 和 GOD 的 TOD。(供图:科加拉市)

虽然对公交导向型发展的需求不断增长,但是鉴于融资及私人和公共参与者数目等方面存在复杂性,公交导向型发展的创建仍然面临重大挑战。在珀斯有人建议,在规划阶段,20个左右的公交导向型发展的节点中心应该附加一个新的 TOD 分区需求,包括供给极少量的停车,最大的密度和多功能混合使用绿色环保的创新内容,以及最少15%的经济适用房。

CNU 的政策与研究主任埃伦·格林伯格(Ellen Greenberg)建议,用一个六步规划和政策手段来执行公交导向型发展的节点中心的建设:为整合交通设施的工程项目创建定制分区模式,极力减少只针对定制型规划和标准项目的任意评论,提供一个明确的政策基础,采用公交组织政策领导,满足多重目标(例如经济适用房、通勤者停车、中转换乘车站、达到减碳目标),预想到定制项目需要比较长的周期。[15]

公交导向型发展的节点中心可以建立一种公-私伙伴关系(PPPs),因为对于运行公交的机构而言,这是共同的利益所在,而对于在车站附近进行地产开发的开发商而言,也会产生外加的地产价值。在悉尼的查次伍德(Chatswood),第一个"价值转移 公-私伙伴关系"已经顺利完成。场地的空间所有权被授予一个零售和住宅综合体的开发商,作为交换,要求这个开发商要修建一个新的车站专用区。通过串联一系列的潜在公交导向型发展的节点中心,便有可能为支持 TODs 工作所需的新铁路系统筹措大部分资金。波特兰的新街车线就是这样建造的。公交导向型发展的创业能力将是建立弹性城市的一个重要组成部分。[16]

## 逐步向弹性基础设施过渡

城市的弹性要求城市基础设施(道路,下水道建筑物,公共交通)能够满足城市需求,在技术方面得到改良,并且能够扩大服务范围。真正的挑战要通过改革转型的方式完善城市的弹性,而非一味的要求在原有模式下指标的增长,否则这项任务只能变得越来越艰巨。我们需要为运输和建筑提供可以完成转型的弹性基础设施,并将其两者作为整体来考虑。这样的想法是否可以实现呢?

在美国新近实施的两个方案表明,开发商集团是愿意尝试创新和变革的。这两个项目分别是奥斯汀米勒机场的重建(见网页resilientcities.org.)和圣弗兰西斯科金银岛的重建。金银岛是20世纪30年代专为金门国际博览会而建的一个人工岛,展览后作为海军基地使用。它位于圣弗兰西斯科湾中部,但因为它的主要出口都途经海湾大桥,导致道路交通可达性相当有限。金银岛的重建计划包括为数万市民提供的居住区。交通方面,岛上社区与城市的连接将采用渡轮的方式;岛内主要采用公共汽车、电动小汽车和共享电动汽车等交通设施为金银岛提供便利的交通可达性,并将在远离居住区的区域设置有限的停车设施(如沃邦)。同时一个教育计划即将出台,这将有助于居民调整并适应全新的城市生活方式而不至过度依赖汽车等交通工具。这将是一个创造自给自足的高密度混合社区的良好机遇,因为在那里大部分的服务都可以由当地提供。该项目还包括最高级别的绿色生态建筑,其将配备使用可再生能源、碳中和能源,以及提供供热及供冷服务的智能电网。共享电动汽车和当地电动车的电力将由可再生能源提供。此外30%的房屋同样将以此方式在供能方面得到自给自足。规划中将金银岛与小耶巴布埃纳岛紧密连接,以此对当地的遗产及栖息地进行复原。

向弹性城市的过渡所需要的资金通常只能通过建立在政府各阶层与私人部门间的协调合作获得。美国已经在运输方面发展起了这样一种公私伙伴运营模式,然而它并不能解决弹性城市所面临的各方面问题。相对于向运输体系提供资金,更好的方式是提供与TOD-POD-GOD发展模式紧密相连的城市资金。这与丹佛的做法不同,丹佛将所有经费仅用于建立耗资50亿美元、拥有6条新干线的、号称转型性新铁路系统,而这将为铁路沿线一系列的TOD-POD-GODs示范性项目提供资金支持。并为弹性城市提出明确的

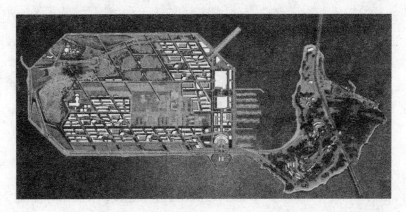

金银岛——艺术家所描绘的新的绿色城市。[供图：奥鲁普（Arup），圣弗兰西斯科]

发展方向，即城市如何通过绿色生态建筑，能源的可持续利用，减少车辆依赖性等方面的措施重建城市弹性。

　　珀斯的新铁路系统，在过去的 15 年建设中伴随着稳定的政治力量支持，从交通方面而言，它是极具变革性的。然而 TOD-POD-GOD 的发展方面还存在不足。此项目耗资 20 亿美元，使全市拥有 180 公里的现代电气化铁路系统及 72 个站点，然而此建设费用却没有受到联邦基金的资助，虽然它借以使用路权的高速公路建设费用几乎完全来源于联邦的资助。通过几次大选证明，这条铁路的修建是减少城市石油消耗的有效措施。如前所述，南部铁路线以 90% 的支持率始建于 2007 年 12 月，且在其运营之前就完成所有兴建费用的偿还。它成为珀斯地区带来希望的一个强有力的象征，在对石油敏感的未来拥有一线希望。在许多车站周围规划的建设项目，以期利用这个明显的发展优势和便利条件。但珀斯仍然有许多（像大多数城市在汽车的依赖时代）地方非常脆弱，容易受到石油峰值的影响。一座城市的可持续发展建设基金，可以帮助城市在新车站周边建设生态城市，并将成为下一阶段代表城市希望的标志。

　　在澳大利亚，一份关于城市可持续发展的代表性住房报告揭示了这种改变的潜力，这项报告发表于 2005 年，提议城市应该提供基础设施建设资金（尤其是铁路）特别是向位于城市中段和外围的郊区化住宅提供基础设施建设基金。在被忽视了一段时期之后，基础设施的联邦资金筹集项目有了进一步发展，并且开始将该资金投入到技术革新的工作中去，以应对气候变化和石油峰值。

目前，最需要的将是对交通基础设施以及电力基础设施的资助，使其和一个全新的，需要绿色建筑和绿色电力系统的弹性城市基础设施联系起来。通过利用智能电网，绿色建筑和绿色电力系统将与创新的电力交通系统和电动汽车完全结合在一起。这将根据上述概括的 TOD、POD 和 GOD 的创意基础上增加建设，并会引导能源与运输的转型性变化。在获得资助前，这些创意需要证明其方案可以大规模节约石油和减少温室气体排放量。

在美国，来自弗吉尼亚大学的比尔·露西（Bill Lucy）和戴维·菲利普斯（David Phillips）提出了一个类似的区域性可持续发展刺激基金，当城市和乡村面临规划长期愿景时，例如处理石油峰值和气候变化，这项基金可以提供一个将城市和乡村结合起来统筹考虑的发展方法。纽约州－新泽西州－康涅狄格州区域规划协会建议采用区域基金来支持区域规划，特别是公共交通运输方面的区域规划。这种基金可以激励这些城市和地区实现更多可持续发展成果，从而促使城市迈向无油时代。[17]

在澳大利亚，众议院的环境委员会提出了一种类似的模式。他们建议在联邦范围内制定一套可持续发展的成果标准，每个州都必须取得这样的标准。那些向可持续发展模式转型所必需的基础设施，例如水、能源，以及交通运输等应该通过这套联邦成果标准而实现。这些成果标准将由国家可持续发展委员会根据一个可持续发展宪章来制定。如果各州在节约用水、用电，以及用油等方面达到所制定的成果标准，那么他们将得到更多的资金资助；如果他们不能达标，那么将被罚款。这种通过一个国家委员会制定标准的竞争模式，已经开始被应用于制定公用事业的相关政策。同时这种模式可以转化为一种强大的机制，这种机制在地方、区域和国家层面的改革上产生了真正变革的势头。弹性城市中基础设施项目建设的计划，将会成为希望的象征，因为城市开始正视所面临的挑战，即在未来的弹性城市中碳排放必将受到限制。

## 尽可能使用价格手段来驱动变革

  当今社会的一个显著特征是，大部分由我们的消耗及其他私人（和集体）的决定所产生的直接或间接的结果是无法预测的。我们倾向于用人为的片面的、不完善的定价系统判断我们对可再生能源的投资，这个价格体系未能完全解释由我们过度使用石油所消耗的真正的、全面的成本。

  在依靠汽车的郊区买房子，远离工作和商业，并没有全部计算包括通勤成本、环境代价和人类健康付出的代价在内的所有成本。许多研究都揭示出这些扩张型的发展模式对政府和个人的隐藏成本。一项比较各种可替换发展模式成本的研究发现，精明的增长应能让各地每年每单位公共基础设施的费用节省 5～75000 美元，每单位增量运营、维护和服务费用节省 500～10000 美元。[18]

  另一项对澳大利亚城市的研究计算表明，在 TOD 周边，而非于城市边缘建造的 1000 套住宅中，前期基础设施（政府公共设施）的成本将节省 8600 万美元，如果他们居住在 TOD 周边超过 50 年，交通花销将减少 2.5 亿美元。这可能与那 1000 套住宅的温室气体排放量每年减少 4500 吨有关，同时健康的身体每年节省大约 230 万美元的健康基金，同时这样也会使越来越低的与汽车过度使用相关的抑郁症发病率降低。[19] 我们使用的大部分能源并未包括污染成本、温室气体引起的气候变化的代价、石油脆弱性的代价，以及后续的对外政策的代价。石油价格和驾驶汽车就是一个很好的例子。多数人都认为自驾比坐捷运公交更划算。但是数据显示，当上述因素被纳入成本范围（尽管这些很少把汽油当成唯一的成本）并加上外部的成本（如道路基础设施建设和维护的成本，以及购买和维护个人汽车的费用），自驾会昂贵很多。汽车的驾驶费用估计是公交的 3 倍，尽管驾驶汽车的人认为它没那么贵。[20] 这表明，通过公共交通与公交导向型发展模式相结合的方式可以实现汽车使用量降低 25%～50%，这样将有可能创造一个更具经济活力的弹性城市。支持这一观点的证据越来越清晰了。公共交通型城市花费其城市交通财富的大约 5%～8%，但汽车依赖型城市，则需花费 12%～15%（甚至在菲尼克斯是 19%）的城市财富。[21]

如果提高人的健康、减少对石油的依赖，以及减少温室气体排放量没有提供足够的理由使城市考虑进行转变，或调整我们的基础设施使其更具弹性，政策制定者需要估算一下公共交通和紧凑公交导向型发展所带来的长期资金节约。

绿化城市交通所产生的经济利益开始受到部分保守党派的关注，他们通常是支持以汽车为导向的发展模式。根据华盛顿的游说团体自由国会基金会的表述，"保守派倾向于假设公交运输没实现任何重要的保守党派的目标，但实际上它确实起作用了。最重要的保守党派的目标之一是经济增长。一个接一个的城市，新的铁路公交运输线带来了较高的地产价值，更多光顾本地商业的顾客以及新的发展"。[22]

定价是一个有用的公共政策，在任何地方都可以实现积极的经济成果。此外，定价将不可避免地暴露出对汽车和化石燃料不可持续的补贴。像在伦敦拥堵税的征收是非常少见的，因为从政治角度上看，征收驾驶税是非常不受欢迎的。然而，只要存在征收交通拥堵税的可能性，那些在大范围内存在严重交通拥堵情况的城市一定要抓住这个机会。由于像这样的定价方案在更多的城市能够成功，因此在其他地方更容易贯彻这项政策。这些城市将提高它们应对城市弹性问题的能力。

虽然可再生能源技术正变得节约越来越多的成本，但似乎仍然不能和燃煤发电相竞争。但是，利用可再生能源和电动汽车的蓄电池的新智能电网意味着可再生能源不应该同基础的火力发电相提并论，而应该与那些昂贵的、服务于用电高峰期的能源相比，比如天然气，甚至馏分油。诸如风能和太阳能等可再生能源可以在用电高峰时段输入电网。这个经济效益是非常可观的。[23]

需要财政刺激来诱使或鼓励人们使用可再生能源。目前已经有许多对使用太阳能的奖励方式，例如：折扣出售配备屋顶光伏系统的房屋；以及支付为电网充电的报酬。这将意味着光伏、风能所有者将可再生能源输回到用电高峰时的电网中所得到的报酬将比他们平时从电网中输出并消耗的那部分花费更高；生产能源的积分（例如风力发电）、混合动力汽车的税收积分、太阳能和节能的抵押贷款等。当然通过取消化石燃料补贴来提高其相对价格是同样重要的信号。碳税和在欧洲国家（市）普遍较高的能源税，也许是最好的和最有成效的例子。

在农村和城市环境中任何一种形式的可再生能源，都可能受到一个被称为"回报伦理"的质疑，这个理论认为，在储蓄和收益偿还投资之前，任何重大的财政投资必须在短期内表现出明确和肯定的盈利。尽管这种经济推理在许多政策和规划领域盛行，目前似乎更流行将这种理论应用到大众公共交通运输系统、光伏系统、生物产能以及风能等其他可再生能源科技上。然而，如果类似狭隘、短视的思维得到普遍应用，那么实际上很少有投资，尤其是高质量的投资可以在大多数城市中存在。举几个例子来说，一些大众投资，例如公共交通、公共艺术与公共空间、教育、音乐和文化、公园和环境质量等方面的长远投资，都是公众价值、道德观的产物，他们能意识到为社会的长期和谐而投入资金支持的必要性。

## 重新考虑降低石油依赖性后的郊区

在廉价石油时代，尽管人口大多呈现减少趋势，郊乡农村地区的生产能力已经达到很高的水平。石油峰值和气候变化能否为这些地区提供一些机会，使它们创造一个更美好未来？城市－区域性战略有可能开始给农村区域带来希望吗？

城市离不开为其提供食物、衣物、休闲娱乐和生态服务的生物区。[24] 每个城市和它的农村地区都有必要审视其对气候变化的影响，以及如果石油供应减少对它们而言将意味着什么。由于很少有城市制定出石油峰值和气候变化的战略，那么不足为奇了，更少有城市周边的郊区制定这些策略。

然而，在西澳大利亚州有一个例外，在偏远的皮尔巴拉(Pilbara)地区，人们制定了第一个区域性可持续发展战略。[25] 皮尔巴拉地区的铁矿石产量占全世界产量的近20%，同时，该地区液态天然气(LNG)蕴藏丰富，每年也有大量的液态天然气出口。该战略建议，皮尔巴拉应该成为一个示范区，示范该地区如何向不依赖柴油作为动力能源转变。在降低柴油依赖性方面，皮尔巴拉地区已经配备了很好的技术设施。因为它处在一个发展增长期，这为其带来相当可观的投资。而且它有大量的天然气储备，这似乎是最好的取代石油的短期过渡燃料。然而，所有的大货车、采矿设备，以及铁路系统都采用柴油动力，甚至发电站大多是由柴油提供燃料，而这些柴油主要是从中东进口。将这些动力系统转换为使用本地天然气，尤其是压缩天然气（CNG）作为动力燃料的技术已经存在了，事实上，在所有天然气供应充足的地方，天然气是所有货运车辆最为直接和明显的燃料替代品。2～3年左右的技术设备投资就可以从当前高昂的燃料价格上得到回报。一个主要企业的合作伙伴计划应该建立一个大型的实验来进行成果演示，即工厂如何将世界上最高的太阳辐射率转换为电能，并将水电解成氢气，最终将氢气送入管道和液化工厂。最终，珀斯和整个周边地区可以通过北部地区太阳能所提供的氢气得到能源供应，而不是使用天然气。

许多在皮尔巴拉的矿业公司正在关注如何转变成"碳中和型矿厂"这一问题。没有重大区域性基础设施的转变，这一点将很难实现的。虽然从一些公司的碳补偿行为推进了位于珀斯的冈瓦纳生态链（Gondwana Link）再造林项目，使其有了实质性的进展，然而除非有真正的高效率和选用替代燃料，它们产品的碳补偿不会都获得经济上的成功。皮尔巴拉还面临其他区域性的弹性和适应性问题，包括：地方特色、土著问题以及区域治理等所有问题。然而，就石油峰值和气候变化问题而言，皮尔巴拉零柴油的大胆设想可以证明：对于像皮尔巴拉这样一个为国家贡献了大量财富的地区而言，这一转变能够为其带来可以长久发展的未来。世界上每一个城市需要制定一项气候变化和石油峰值城市－区域性发展战略。甚至似乎很少有城市已经开始思考位于它们城市周边的农村地区。农村地区一般都在衰退，但是可以想象得到，后石油峰值时代可以使农村地区变得更加自给自足，通过生产生物燃料、小规模的可再生资源、生物制药，以及其他从植物中获取的生物化工产品，不但农村经济得到加强，还可以创造更多的生态村庄。[26]

在澳大利亚和世界上大多数发达地区，尽管每一个自然资源控制管理区近年来都深入学习了农业、保护、水域管理间如何开展更好的合作，但是没有人提到过关于与郊区相关联的石油峰值和经济去碳化问题。自然资源管理控制区已经通过一个管理体系并设立了一系列奖励办法，开始对有价值的自然资源进行管理。自然资源的管理范围应该延伸到包括石油脆弱性和气候变化等问题在内的更大范围中。

郊区还有一种重要产业——旅游业。旅游业极其依赖廉价航运，因此在石油峰值时代难以可持续发展。目前，这个行业已经遭到重创，况且在这种经济紧缩的时期，与农业、林业、矿业相比，旅游业也是次要的环节。许多本土地域化的旅游形式不得不自我改进，如引进飞艇一类的新技术产品。以飞艇为例，其可运送数百名游客横过生态旅游区，虽然速度较慢，但是更生态（飞艇使用的燃料仅为飞机的十分之一）。此外，飞艇还可高效地把重物运送到边远地带，如采矿营地。

当今一个围绕石油峰值讨论的主要文献强调，石油问题对郊区以及城镇各产业影响最大的就是农业。当然，当今农业已高度依赖以柴油为燃料的汽车，因此应该优先考虑转型使用生物燃料。[27]对于农业和林业来说,种植可以提供食物的作物还是种植可以提供生物燃料的作物,这个矛盾将成为未来几年需要解决的首要问题。可以协助农业生产并为生物燃料的生产创造可能性的木本作物,似乎成为可持续的弹性农业的一个突破点。在西澳大利亚州的干小麦生产基地,培育出了一种称为油桉的木本作物。这种旱地桉树品种可以生长在农场作物或者牧场作物间隙的阡陌上,它们根深蒂固,这样一来就可以解决当地的盐碱问题;这种作物的根像树木一样深深扎根于土壤中,可以储存碳长达 200 年的时间,可视为"储碳经济作物";树叶里含有的油质可提取并用于医药界,以及提高工业乙醇在发动机中的性能(该作物可在砍伐后的 1 年内迅速复原)砍下后在燃烧生成活性炭的过程中,还可汽化生电或者生成乙醇。[28]

生物燃料不应将粮食作物作为它们的主要来源,也不可能把森林砍光,种植生物燃料作物,这种行为会导致温室气体的流失。换个角度来看,如果生物燃料以木质纤维素为主要来源,而且不需要长途运输,将是很有意义的。也就是说,生物燃料将与如何被当地农业自身利用关系密切。农业方面需要自我调整,种植为其提供生物柴油的作物,并且在运输方面由长途卡车运输过渡为更有效的铁路运输。这一过渡需要相关方面的协助,但是在澳大利亚和美国的很多农业地带,有津贴支撑的使用柴油燃料运输的汽车却阻挠这样的开发。大力度地淘汰以柴油为燃料的汽车可以在 5 年内改变农业的石油脆弱性现状。大部分关于生物燃料的文献资料表明,现今并没有足够的土地来出产相当于足够满足全世界油耗量的生物燃料,但是却有足够的土地可以为农业生产提供所需的生态燃料。也许当从纤维质材料中提取乙醇这种工艺发展成为一项成熟的技术,生物燃料就能为更大的目标服务和发挥更大的作用。[29]

在澳大利亚,为减少肉类果蔬从产地运送到销售地的距离,即"食物运送里程",这些临近城区的区域土质良好可以种植作物,被永久保留为园艺用地,而不再作为下一个郊区化住宅的储备用地。在这些地段,城市可以认真采取措施以回收废水用于灌溉。在珀斯

在澳大利亚西部,像油桉一类的植物可以提供生物燃料的同时生成碳积分是由于它们扎根于土壤深处的树根,以及较强的复原能力(该作物可以在砍伐后迅速复原);这些农林项目对当地的盐碱控制和当地的就业问题都十分有益。(供图:蒂姆·比特利)

卡拉布达(Carabooda)区域,将支持自来水公司的一项投资,即铺设水管以回收处理过的污水,并向其中注入地下水,供树与农作物吸收。出于同样的目的,大不列颠哥伦比亚省也已经开展了类似的农业土地储备保护工作。

第3章所提到的生态村,将有助于食品生产、废水回收利用绿色技术的发展、废品回收、太阳能利用,以及生物多样性的再生。这些过程将在远离市中心的地区进行,也许果蔬园地有发展成为生态村庄区域的潜质。密集的、混合使用的公交导向型发展模式也包括了一些这样的绿色技术,但是是以低空间强度的方式进行。生态村可以有助于开垦一些城郊及边缘地带的发展用地,那些地方原本不可能被纳入到弹性城市的密集型城市走廊的发展范围中。但是城市边缘大范围的自给自足的生态村可以补充城市所缺少的生态过程，并且减小城市对石油密集型农业的需求。

当然，在本区域范围内的农场主与食品加工处理商，以及当地消费群体之间的合作方式可以采用若干种创新型模式，诸如成立一个专门负责收集、打包、配送食物的农场协作机构，该机构可以负责把当地出产的食品运送到学校（我们甚至可以把一些作物种在学校的作物园里，这样甚至更好！学校可以设置与之相关的种植课程——例如伯克利学校作物园计划 Berkeley Edible Schoolyards program 就是这么安排的），并适当对购置当地食物的食品铺和餐馆予以资金支持。在俄勒冈州的波特兰，当地一家名为新季的连锁食品店（New Seasons）储存有 30% 的当地产品，并用黄色的特别标签标出来。例如，新季的牛肉，都是出产于一个囊括当地 70 家牧场的合作社，该组织的成员用传统自然的方式饲养牛，饲料不带激素和抗生素，并且不采用转基因喂养方式。

对于支持和壮大为美食提供原材料的本地及区域范围内生产商的力量，当地的餐馆应该承担更为直接的义务和责任。芝加哥有一个这样的例子。在芝加哥，知名餐馆弗龙特拉烧烤店（Frontera Grill）的老板，主厨里克·贝利斯（Rick Bayless）建立了弗龙特拉农场主联合会（Frontera Farmer Foundation），这个组织为那些位于芝加哥本地并服务于芝加哥地区的小型有机作物的农场主提供资金赞助。该组织已向当地农场主提供贷款，供他们购买可在冬季储存番茄的冷藏库，如此，番茄便可在冬季出售给当地餐馆。截至 2006 年，通过销售一种由祖传方法特殊加工而成的番茄沙司，该组织已经获利数十万美元，继续进行的番茄沙司的销售获利全部提供到该农场主基金中去。

在西澳大利亚州，一个名为"智慧生活"（见下文）的组织——这是一个从家庭生活经验出发，为可持续发展服务的组织——列出了当季的食品果蔬清单，人们可以在清单的协助下，挑选当季食品，从而减少那些多余的需要长途货运的所谓"新鲜"食物的运输里程。

这种进步虽然是点点滴滴的,然而在为本地及临近城市生产食物和纤维的道路上迈出的每一小步,却都闪烁着实现城乡地区弹性应对在未来石油供应不足问题的希望之光。

## 更新家庭和社区

实际生活中,涉及每个人的家庭和工作的场所都需要进行某种程度的改造以适应即将到来的针对石油的巨变。很多人居住的房屋也许是在石油充足的时代(不管是真实的还是主观臆断的)建造的,有的建筑将天然气用以供暖、降温、烹饪、清洗等的能源,有的安装了很多家用设备但并没有考虑到这些是否会消耗化石燃料。而且大部分的社区是按照机动车尺度来规划的。每个人都必须参与到这项变革中,寻找可行的方法改造他们的家庭和社区。

如果为了家人更加健康,为了他们有一个更干净的生活环境,每一个家庭都会有很高的积极性。所以也许最有效果的改革项目是家庭教育计划,受过专业训练的顾问可以深入到每个家庭给他们提供最佳的建议,可以让他们既省钱又能提高房屋的品质,在交通运输、供电、供热制冷、供水、废物处理和园艺设计等各个方面,让他们生活的更好、更加可持续。(这个方法已经在"精明出行(Travel Smart)"计划中使用过,见第5章。)

这种类似的项目被称做"以社区为基础的社会营销"(community-based social marketing,简称CBSM)。加拿大专家道格 麦肯齐 莫尔(Doug McKenzie Mohr)收集的相关数据显示,人们对大众媒体上的宣讲、鼓吹以及通过邮件进行的宣传都不是很感兴趣。传播与当地紧密相关的知识必须在社区居民家中与他们一对一地讨论。当人们了解这些新的交通模式并且尝试了更加节能的方法之后,变革就会发生。研究表明,人们生活方式的转变可以改变12%~13%的能源使用方式。现在,精明生活计划(Living Smart program)在珀斯市处于试验阶段,通过使用一整套的生态辅导（eco-coaches），它能帮助基本家庭降低对能源和水的消耗，也能减少垃圾废物和交通出行费用。有30000个家庭参加了这项试验，已经显示出超乎预料的结果。通过一项随机电话调查发现，这个项目已让80%的家庭有意改变其生活方式来提高使用能源、水、处理废物和交通出行的效率。50%左右的家庭已经决定参加后续的培训，他们想进一步咨询关于水电表读数、花园种植建议、工作坊以及整体房屋评估等专项内容。和成效缓慢的"精明出行（TravelSmart）"计划不一样，从正在收到的报告中显示，精明生活计划在很多家庭中成效迅速而且显著（比如更换节能照明设备、订购太阳能热水系统等）。据估计，这个计划可以让每个家庭每年减少1.5吨的二氧化碳排放量。同时每个家庭可以节约超过10%的煤气费、电费、水费，以及汽油的消费支出。[30]

在世界范围内，帮助家庭减少对环境的污染和石油消耗的社区行动组织犹如雨后春笋般涌现出来。自从美国前任副总统戈尔先生对澳大利亚进行访问之后，在澳大利亚出现了超过200个气候变化行动组织（Climate Action Groups），这些组织关注的层面是普通家庭，同时他们举行宣讲活动并且帮助政府制定发展规划。这些组织通过"气候变化行动网络（Climate Action Network）"和一个叫做"减轻生态足迹（Lighter Footprints）"的机构联系在一起。

在大多数的美国主要城市中，超过9000人已经加入了"生态妈妈联盟（Eco Moms Alliance）"及其在各地的分支机构。这个组织联系了很多致力于"绿色妈妈"概念的文化组织以及他们的博客和网站，比如greenandcleanmom.blogspot.com，eco-chick.com，planetpatrol.info，treehugger.com，and grist.com。多年来，女性在环境保护运动中起到了重要的作用，比如雷切尔·卡森（Rachel Carson）所著的《寂静的春天》（Silent Spring），还有在一个世纪前保护哈得孙（Hudson）河的帕利塞德斯（陡崖峭壁）和加利福尼亚红杉树的斗争中，女性的领导作用，当然还有简·雅各布斯和米奇·布利泽德（Meeky Blizzard）所发起的反对高速公路扩张的斗争。波士顿的顾问团曾说过女性控制了家庭中 80% 的购买力,她们的影响力对于弹性城市的规划发展有着至关重要的作用。[31]

互联网将气候变化行动组织联系起来的潜在作用才刚刚被人们关注到。Get Up 组织在澳大利亚成立,旨在强调重大事件。这个组织将气候变化看做是一个主要的政治议题,其 50000 会员在一定程度上左右了 2007 年 11 月大选的形势。在美国,Step It Up 联合会,是一个全国性的针对气候变化问题的组织,在互联网上已经聚集了大量的人气和支持。[32]

要想在下一个 10 年内完成这种迅速的转变,民众的支持对于弹性城市建设是非常重要的。社会中的每一个人(社区)其实都缺乏对我们生活状态的足够了解——我们消耗了多少能量,我们对环境和社会造成了多少不良影响,我们错过了多少创造更清洁更富有的生活以及社会的机会。不仅是因为这些都是看不见的,我们根本不知道我们消耗了多少能源,更没有什么信息反馈可以帮助我们知道什么时候用什么方法可以衡量我们的能源消耗。城市设计和建筑设计试图纳入这种反馈信息并用创造性的方式进行设计,比如在显著的区位放置水表电表,从而帮助业主了解如何能使这些仪表走得更慢甚至让它们停止转动。芝加哥的绿色建筑中心已经在其办公场所的显著位置安放了这类仪表,当办公室使用来自太阳能发电系统的电量过多时,这些仪表会改变颜色并发出声响以示警报。第六波经济要求我们提供更多的技术,可以满足每个家庭希望参与的需要,并让每个家庭更好的管理自己的能源使用情况。

还有一个我们无法回避的问题,即在目前的城市结构中,对于居住区层面我们能做些什么?在新南威尔士州,BASIX 评估的下一个阶段将是 METRIX,它将以互联网为基础的方法应用于社区层面的发展中,并将这一方法扩大到囊括交通运输、水环境敏感地区设计、甚至经济适用房设计等多方面的问题。由于这些错综复杂的问题交织在一起,目前还没办法应用。LEED-ND 也面临同样的问题。在美国,LEED 评级体系也想将它们的评估等级扩展到居住区的可持续发展问题。但是创建一个可以将可持续交通运输、太阳能建筑和绿色基础设施都联系起来的城市设计方法是一个巨大的挑战。LEED-ND 的试点项目已经在进行中并且吸引了很多人的关注。其他类似规模的示范项目,如圣弗兰西斯科市的金银岛,奥斯汀的米勒机场 (Mueller Airport in Austin) 以及珀斯市的北港码头开发 (North Port Quay in Perth) 都有机会结合一整套的可持续设计方法,比如公交导向、步行导向、绿色建筑、废水与废物的再生循环、与智能电网相连接的可再生能源发电以及电动汽车等。[33]

主要的大问题是我们如何处理那些 20 世纪 50 年代建在近郊和远郊的住宅区,这些住宅区目前已经都达到了使用年限面临着更新改造。它们通常都是以不可持续的布局模式和交通结构设计的,其建筑设计也相当落后——通常情况下,由于缺乏服务,也没有提供对老年人的特殊护理和适宜年轻人居住的公寓,这些地区的人口密度都在下降。很明显,工作的下一步目标应立足于邻里社区的规划,并以此来实现对整个郊区的更新改造。我们称此项更新为绿化灰色区域(灰色区域是指土地或者地产开发未被充分利用需要更新改造的区域)。如果将整个更新变成市场行为,则每次只能更新一个街区,这样将很难达到弹性城市的规划目标。一旦决策者和私人业主发现弹性社区的优势,这个更新过程可以从整个居住区入手,用最先进的技术手段、基础设施和更加优化的可持续交通模式更新居住区内的各个系统。各个地区的规划工作者要与志同道合的开发商和顾问团协作,通过以社区为基础的规划方法打造更加弹性的居住区规划。或许在制定相关规定和准则之前,我们需要更多的"政策研究"及验证,这将对我们帮助非常大。但是在绿化灰色区域过程中,那些自身有所贡献的、希望展示自己创造力的社区本身则是更加重要的。[34]

## 促进本土化

詹姆斯·H·孔斯特勒(James H. Kunstler)在他的著作《没有石油的明天》一书中讲到,应对石油峰值危机,"在深度和强度上,我们的生活都将更加趋向本地化"。[35] 虽然本土主义将是一个必要的反应,但是我们必须指出这不意味着城市将失去其区域和全球功能。人们还是需要正常上班上学,去电影院看电影、去购物中心购物。人们还是需要全球经济和文化活动,也需要全球协作治理,当然所有这些都需要全球化的交通往来。但是这将不会像廉价石油时代那么便宜而又简单的方式进行,它将会被更加可持续的交通方式所取代,并且将使用可再生燃料。回到中世纪的乡村或者朴门永续化农村化的城市是不可能的,再说这样做也存在极高的潜在危险。

然而本土化更像是后石油时代对未来城市规划的要求,就像全球化是廉价石油时代对城市的要求一样。就像我们先前提到的,尽可能地缩短食物的运输距离,本土化要求我们开发更多的本地产品,例如"50英里菜单"和社区型的农业(community-supported agriculture 简称 CSA)。同时,也要加强那些不需要长途运输的本地材料的开发力度,使用这些材料可以繁荣本地经济。本土化还有很多看不见的好处,比如可以让居民形成强烈的地区归属感等。我们建议政府应该成立本土化办公室,改革相关政策和筹措资金来发展本土化建设。或许这种基金可以称做"超越石油依赖转变基金"而且这些资金可以资助那些示范工程比如:

- 企业间互通资源和废料,协同工作确保本地资源可以充分使用并且能够循环利用,就像我们在第4章所讨论过的生态高效发展;
- 本地的食物配给主要来自于城市周边的种植者(和生态村庄),城市社区也可以从社区支持的农业活动中直接获得新鲜的食物;

- 在使用当地资源和人才的情况下，本地的企业运营更加顺利，就像埃内斯托·西罗利和迈克尔·舒曼向我们展示的那样（详见第 4 章）；
- 主要依托当地人发展的本土化旅游业；
- 建筑材料使用的是当地的建材。

很多建筑及设施在建设过程中很大程度上都利用了本地资源和回收再利用材料，此类具有启发意义的案例很多。明尼阿波利斯的飞利浦生态企业中心（Phillips Eco-Enterprise Center in Minneapolis）就是其中一个案例，而且，在很多方面它可以算得上是后石油时代经济发展所需要的建筑范本。这个建筑的优点在于设计是从区位入手，通过生态化建筑设计与运营手段，并且使用本地的建筑材料来完成。该建筑坐落于飞利浦社区内一个棕色地带中，步行到城市海厄瓦萨（Hiawatha）轻轨线的湖畔街（Lake Street）车站只有几分钟路程，同时也临近新建成的城市中心区林荫道路（Midtown Greenway）的自行车和步行小路。飞利浦生态企业中心，由绿色协会（Green Institute）经营，为绿色公司和企业提供令人感兴趣的配套服务，同时它也为这个社区创造了 140 个新的就业岗位。这栋建筑也希望能够产生多于自身需求的电能。其屋顶安放了一大组太阳能光电板（PV），这个在周围的社区中是可以看得见的。大规模的自然采光也是这栋建筑的设计特点之一，其中包括了 48 个可以根据光照角度自动调节并能旋转角度的天窗。据估计，这些特殊的天窗设计会使得建筑内的自然光线比安装了普通天窗的建筑高出 10 倍。还有很多其他能源特征，其中就包括一个地缘热泵交流系统，该系统包含 120 个 60 英尺深的井（一个开发利用土壤 40 度恒温的比例循环系统）。同时，通过其绿化屋顶该建筑和周围的自然景观紧密联系在一起，更让人印象深刻的是该项目复原了建筑周边的一个大草原。该草原一度被焚毁，草原中有很多当地特有的草本和野花。也许最有特点的是该建筑很大程度地使

位于明尼阿波利斯（上图）的飞利浦生态企业中心是一个本地高适应性的典范，该建筑示范了很多绿色建筑革新，包括一个绿色屋顶（底图）和利用可以跟踪太阳光线的天窗提供室内的日间照明（下页，上图）。该建筑距离火车站和自行车专用线都很近（一个市中心的车站：下页，底图）。（供图：蒂姆·比特利）

飞利浦生态企业中心（同上）。

用了再生材料，这些材料都是就近取材。[36]

在俄勒冈州阿斯托里亚市（Astoria）的一座新建社区银行建筑向我们证实了把地方独特性当成设计焦点的可能性，该建筑也展示了其选材是本地种植、本地生产、本地加工的。该建筑由著名的绿色建筑师汤姆·本德（Tom Bender）设计，在和周边的社区和景观结构的结合方面，此建筑反映设计师的敏锐和独具匠心。作为一个有机建筑，它有着相当独特的外观，超越了当前商业建筑的千篇一律。要特别强调的是使用了当地的材料，而且是以多种方式利用。为了给建筑腾出空间，建设场地中的树木被砍伐，这些木材被加工成为室内的镶板和装饰，其外围围墙的木板来自于当地的雪松木板加工作坊，室内隔墙和部分家具的木材也来自于当地资源，同时其主要的木框架结构也来自于当地一个木材加工厂（包括使用了"不直"的木材，通常这类木材是没有商业用途的）。在景观设计中，应用了可回收利用的植物，包括可再利用的本土植物。[37]

也许能使我们的生活变得本土化的最显著的方式是慢食运动和本土食物运动。将我们的食物系统从长途运输型、石油消耗密集型转向可持续的本地化的食物要求。我们在很多方面做出努力，目前我们已经可以从一些案例中看到希望。社区型农业是指本地的消费者可以在作物生长期购买债券，就像是订购型农业，这样可以直接将供需双方联系起来，并且给生产者一定的经济支持。已经有很多社区应用这种模式支持发展社区农业。比如，在威斯康星州的麦迪逊市，有25个农业社区，并且有一个社区农业协会帮助他们。目前，单单美国就有超过1500个社区农业项目。

在很多北美的城市，食物的来源和产地问题逐渐引起了很多关注。各个地方和各个州成立的食品政策委员会是测量食物的本地化和可持续发展化的一种方式。比如，加拿大的多伦多市和伦敦市，它们都准备了相当完善的食品发展策略，在提高食品安全的问题上，它们试图提升人们对于本地化的具有可持续发展性质食物的需求。在北美，在这些委员会的基础上形成了"社区食物安全联盟

俄勒冈州的阿斯托里亚银行建筑展示了地方主义和其绿色特征。(供图:蒂姆·比特利)

(Community Food Security Coalition)",据报道全国范围内已经有77个地方性的食品政策委员会,而且这一数字还在增长。另外一种量化方式就是从事这种农业的农民的数量。根据美国农业部(USDA)的报道,从2000~2004年,此类农民的数量增加了18%,截至2004年总共有4385位农民从事社区农业。[38]

城市政府可以帮助成立这种社区农业项目，或者也许可以通过社区食品安全联盟帮助建立并且支持农业的二级产业，就像食品的加工和运输体系一样，虽然是二级产业，但是有些却更加重要，比如：为便利新型食品加工业而建立的孵化器、适宜冬季种植的温室、罐装和冷冻设备、设立于基层的肉食加工点和其他许多今天已经被我们遗忘的地方和区域内的食品生产加工设施。

当地规划和政策对于本地和周边区域的食品生产加工系统的可持续发展有着非常大的帮助。有些地方的政府要求强制购买当地产的食物（比如美国爱荷华州（Iowa）的伍德伯里郡（Wood bury County）采用了本地食物购买政策，要求购买的食物必需出自于本地区 100 英里以内的范围），有些为本地的种植者提供经济和技术支持，使他们种植方式变得更加有机和可持续（比如伍德伯里郡为那些种植有机食品的本地种植者提供了一整套慷慨的税费减免政策）。城市也可以在周边区域范围内帮助农户购买土地并启动类似的农业项目，也可以为那些有此意愿的农户创建一个小型农场和农业基金。

还有很多让人称道的案例讲述了社区食品中心在食物供给本土化或者本区域化的转变过程所起到的非常大的帮助作用。在威斯康星州的米尔沃基市的"成长的力量（Growing Power）"便是其中之一，它证明了一旦在相对密集的城市内种植大量农作物成为可能，它能够为城市中的低收入者提供相对廉价的营养丰富的食物，也可以给那些城市中的年轻人提供一个场所，让他们了解并且直接参与农业种植活动。成立这个中心是前职业篮球运动员威尔·艾伦（Will Allen）的主意，该中心内有 5 个温室大棚，里面有各种各样让人称奇的东西。比如罗非鱼在这里养殖在一个循环系统中，这个系统中植物由养殖鱼产生的废料来提供养分，而养鱼的水也在植物种植过程中循环过滤。同时，在这个食品中心，艾伦自己也有一个 100 英亩的有机种植农场，他还组织了彩虹农夫联合会（Rainbow Farmers Cooperative），这是一个遍布威斯康星东南地区的有机农业种植者组织。其他的食品中心和社区内的餐馆合作并且为本地的食品企业提供空间发展。烹饪学习班和食物的罐装和冷藏讲习班都可以帮助居民了解如何按照本地的季节安排饮食,因为季节性的农业种植是食品中心的主要部分之一。

本土化还可以为当地生活注入新鲜感并能强化归属感,本地的创作力也会得以提升。这并不需要对全球化进程做出如何反应,只需要充分利用每个城市的有机力量就可以获得。

## 为后石油时代转变批准新的法规

波特兰铁路复兴的创始人,伯诚国际公司(Parsons Brinckerhoff)的规划团队"场所创造(Placemaking)"的主管,G·B·阿灵顿曾经说过:"在美国,大多数以公交为导向的发展都是不合法的。"创造多用途的高密度项目的最大阻碍之一就是用地规划条例,这些条例一直来都强制推行功能分散和低密度的发展模式。向弹性城市的转变要求我们改变这些规划条例,这样才可能让那些可持续发展的改革创新得以实施。

委员会在审批城市发展时应该从该项目的全体入手,并且应该根据相关准则和这个项目所带来的效应来审批,而不是只按照规划法规。所以,有些地区已经开始对规章制度作出修改,从而鼓励城市发展(或者确切地说是城市更新)朝着低碳、适宜步行、高公交可达性的方向转变。已经有些新城市主义倡导者 Andres Duany 和 Elizabeth Plater-Zyberck 在这方面做出了一定的工作,他们提出了"精明法则(SmartCode)",这项计划是要将"用地规划、法规细则、城市设计以及建筑标准浓缩为一个文件。"这对于大部分的规章细则来说无疑是一个很大的进步,但这还不足以满足高密度、中心用地多用途以及可达性强的公交体系(就像第 5 章罗列出的)等各项要求。

相对于创造混合使用、高密度社区过程中所遇到的规章制度方

结语 165

成长的力量,创立于米尔沃基,证明了如何利用与社区合作的优势来为城市生产食品。(供图:蒂姆·比特利)

面的阻碍,生态村的规划所遇到的阻碍会更大,因为它们还必须要同时解决能源、给排水和废物处理等问题。澳大利亚珀斯市的萨默维尔生态村(Somerville Eco-Village),在位于城市边缘的小镇奇德洛(Childlow)周边规划了一个 120 户家庭的聚居地。[39] 这个开发项目将不使用城市排水系统而是使用旱厕;电量和热水供给来自于太阳能电池板；而且每一个建筑设计和保温隔热都力求达到能源效率的最大化。这个规划是以高密度的适宜行走的方式围绕着一个普通公园来布置的，并且将大部分土地用作绿化、种植本土的灌木。此项目还包括了一所学校和一系列的小企业，都由他们来进行设计和施工；其建设使用的是本地的再生材料；同时也形成了给水排水和废物管理系统、电能管理系统；还可以在当地生产蔬菜、水果、橄榄油以及葡萄酒等；同时拥有自己的互联网和通信系统。这是一个混合使用的、相对高密度的开发项目，并不依赖城市的基础设施，目前已经有居民入住了。而负责评估该项目的公务员的反应却是恐慌和担心它有朝一日会瘫痪。

这个项目不符合任何规划建筑法规，同时也对传统的健康观念提出质疑（尤其是对于那些公共健康官员来说，他们普遍对旱厕和中水形成固定思维，认为这些还像19世纪那样污浊不堪）。没有任何一个用地发展规划或者规章制度适合这样一个工程，以至于政府部门不得不超越规章特批此项目。此类项目在应对石油峰值和气候变化的时候会变得十分普遍，不可能每一个项目都要不得不去斗争才能获得特批，那是行不通的。

系统地回顾一下，我们不难发现目前世界上的制度和法规都是对石油消耗提供资助，不论是通过柴油减免税款、针对汽油和汽油的福利、工资补贴、城市边缘土地开发的津贴（在大多数的澳大利亚的城市大概是每块土地8000美元，如果远离市区的话则是这个价格的两倍），还有以修路补助形式给予道路使用者的津贴等。据估计，美国政府每年支给石油燃料企业的资助大约是200亿美元，全球对石油燃料企业的资助则高达每年3000亿美元。[40]这些还都是直接的资助，间接的资助就是以法规的形式来完成的，这些法规要求我们把我们的家园建设成依赖汽车型的、把建筑建成能源低效型的，这些都不足以应对未来的形式。[41]

减少规划审批过程受到不必要的规范约束的一种方法是将焦点都放在项目的效果上，特别是我们如何能通过批准来实现可持续发展的效果。所以，审批建筑和规划的时候应该根据该项目降低了多少石油和水资源的消耗，降低了多少二氧化碳的排放，而不是按照建筑技术、燃料类型或是建筑材料来审批。只要开发商或者建筑师或者户主能证明他们能够减少他们的生态足迹，那他们应该获得审批。这就是我们在第4章讨论过的新南威尔士的 BASIX 评价系统，可以说这是一项天才般的创举。它也是美国俄勒冈州波特兰市开发 TOD 规划模式的基础。地铁区域市委员会不是每次审批一个 TOD 项目，也不需要每次都要因为这些项目的"不合法"而进行政治上的争论，他们制订了一个总体规划，规定了每一个交通走廊都要以 TOD 的模式开发。其实 TODs 是在每一个战略计划中，每个人都想要的结果，但它们有时也会因为当地的误解和不完善的法规而被搁置。这个总体规划是由一个顾问团完成的，他们对交通走廊沿线的每一个地铁站都做了一份以公交为导向的详细规划，并且所有这些详细规划需要和交通走廊整体建设一同完成。因此在大多数城市，发展战略和相关的规划法规结合在一起就可以解决这个日益严重的问题。[42]

审批过程的改革是要通过当地的政治进程来完成的。这本书建议此过程可以从以下几个步骤开始，每一步都需要证实其带来的后果：

- 降低而不是提高对私有汽车的依赖性。
- 减小而不是增大生态足迹（包括土地、水、能源、废物等），同时还要提高生活质量。
- 尽可能减少对化石能源的需求并且投资可再生能源。

法规的改革也需要在全国甚至国际层面上推行，逐步淘汰过度使用的四轮驱动的和其他超级油耗的车，并逐渐以使用清洁能源的汽车——电混合动力汽车取而代之。同样具有潜力的替代交通工具是低油耗汽车，其已经有20年的发展历史了。虽然市场已经开始关注这些替代交通工具（汽车制造商曾说过"相信我们"），但是我们中很多人却使用 SUV 来往于家和超市之间，有 1970 年制定的规章曾经在能源效率方面取得一些进展，现在却全都消失殆尽了。目前美国汽车的平均能源效率比起当年亨利·福特（Henry Ford）的 T 型模本还要低。我们必须规范汽车的生产和使用，让它们朝着不使用汽油的方向发展。2007 年美国政府要求汽车生产商制造的汽车必须在 2002 年达到每加仑汽油可以行使 35 英里的要求。当乔治·布什签署这项法案的时候，他曾发表声明称这个法案可以帮助"解决我们对于石油的依赖性和石油的脆弱性"。经过几十年的疏忽，这无疑是一个重要的开始。但是这显然是不够的。我们必须警惕地把燃料的效率看做为能源政策的主要后果，我们需要按照弹性城市的规划更新我们的城市。没有任何简单的技术可以解决这个问题。

航空业是个特例。想要脱离以石油为燃料的飞机似乎不太可能。尽管维尔京航空公司（Virgin Airlines）拥有者理查德·布兰森（Richard Branson）曾承诺将用他公司下一个 10 年的全部利润（从 2007 年开始，大约有 30 亿美元）用以开发可再生能源的方案，包括使用生物燃料的喷气式飞机。到替代燃料成为可能之前，唯一解决办法似乎是允许机票价格渐进地上涨，从而减少不必要的旅行，中等距离的旅行可以改用高速火车，同时越来越多的网络会议（包括家庭活动）也可以减少出行的必要。然而，看来有必要确保航空业有优先权使用剩下的油料，虽然他们也应该看到按照他们目前的发展规划，这些油料不可能应对其过快的增长速度。这也需要某些法规来限制他们。[43]

法规的变革并不是一个新课题，而且现在还必须包括与碳汇相关的法规，这些法规是为了降低温室气体的排放而产生的。各国工商界都寻找有创造性的政府，以保证这些新规定将营造一个活跃的市场。到目前为止，在包括对这个市场中的交通运输的石油消耗等问题上，政府部门并没有做出什么成果，我们必须改变这个现状。

我们不能单单依靠市场本身来应对后石油时代的转变，因为它只会想方设法继续在中东地区寻找廉价而又丰产的石油，这样的后果是我们负担不起的。既然这些石油供给已经达到顶峰，而且市场本身是不会为了降低人类对气候变化的影响而要求减少石油消耗，所以法规是很有必要的。

法规并不能反市场经济，因为市场必须正常运作才能提供弹性城市所需要的产品。但是法规可以显示什么是必须遵守的上限；什么是行不通的（比如沥青）；那里的外围成本过高；什么样的开发必须停止（比如煤炭）；哪些应该发展（可再生能源）等，从而创造出新的市场。我们必须为新的燃料创造出新的市场，同时也为城市（农村）创造出一种不需要化石燃料的生活方式。碳交易的模式应该进一步发展从而可以包含弹性城市示范区内的交通运输模式和建筑所降低的碳排放。一个新的世界已经出现，在这个世界中，我们的城市和乡村的石油脆弱性暴露无遗，在这样的市场经济下我们必须变得更加聪明。

## 结论：恐惧之城还是希望之城？

大多数发达国家都在过去 5 年内针对恐怖主义制定了高度复杂的行动纲要。但是却很少有类似的行动纲要是针对石油及碳排放脆弱性的（或者是应对自然灾害的，尽管最近出现了很多极端的气候灾难）。

我们设想的情况是，一些城市会及时地应对石油峰值危机并且能够避免衰落。这些城市将通过大幅削减对石油和其他运输燃料需求，通过对城市形态和生活方式的改变来应对这次危机。这将会促进可持续发展的交通运输模式；高密度、适宜行走、混合使用的社区；以社区为基础的本土化发展，以及建筑设计施工的新技术，比如可再生能源。同时，这也有效的发展了电动汽车，使得其能够和城市智能电网协同发展。除此之外，其他替代燃料将填补传统油价下跌留下的空白部分。当然，我们开采石油的努力也不会停止，我们要在更偏远的地方向更深的地下继续开采石油。总之，在应对石油峰值危机和气候变化的过程中，需要在我们的城市中引发最大最根本的变革。

这些仅仅是我们对未来的一种描述。但是这是一个充满希望并且让人浮想联翩的城市理想，虽然并不是很容易，但是通过一系列的步骤，我们还是可以实现这个理想。

第一步便是创建一个明确的计划。这需要我们所有的战略分析家认真对待气候变化和石油消耗问题，为削减石油消耗制定近期、中期及远期行动计划。我们要看看如何通过一系列的步骤来实现弹性城市的目标。如果我们不能采取任何行动，我们永远无法达到城市发展的目标，整个城市也会笼罩着恐惧的阴影并陷入瘫痪之中。

毫无疑问，一些城市将无法成功转型。他们只能等待神奇的科学技术的出现以及市场经济来帮他们解决问题。如果他们继续沿用目前的石油消耗模式，他们必然会遭受到一系列的冲击。在燃料开始干涸的时代，这是不难想像的。那些对短期紧急情况、可替代的交通模式、可替代燃料方案以及家庭节能意识培养方案都有充足准备的城市，将会变得更加弹性。相反，那些没有充足准备的城市将开始衰败和瓦解，并且开始相互指责。人们将背井离乡，衰退也是不可避免的。单纯依靠财政方案来解决这类问题是相当有限的，而且当恐惧感充斥着城市的各个财政机构，市民的个人创造力也随之消失的时候，财政手段能提供的解决方案将会越来越少。那些坐享最后廉价石油的城市也许会嘲笑这些充满恐惧感的城市，但是我们要清楚地认识到当最后的希望破灭时，他们的城市绝对不是一个适宜居住的地方。

# 注释与参考文献

## 第1章 城市的弹性

1. 亚特兰大丧失抵押赎买权的比例排在第十一位。RealtyTrac.com, February 13, 2008;; 关于内部城市的增长数据来自 William Lucy, 弗吉尼亚大学, 未公开的数据。
2. Andrea Sarzynski, Marilyn A. Brown, Frank Southworth, "Shrinking the Carbon Footprint of Metropolitan America," Brookings Institution, May 29, 2008.
3. Jared Diamond, *Collapse: How Societies Choose to Fail or Succeed* (New York: Viking Books, 2005).
4. Caroline Ash, Barbara R. Jasny, Leslie Roberts, Richard Stone, and Andrew M. Sugden, "Reimagining Cities" *Science* special issue 319, no. 5864 (February 8, 2008): 739.
5. Worldwatch Institute, *State of the World 2007: Our Urban Future* (New York: W.W. Norton, 2007), www.citymayors.com/society/urban-population.html.
6. Peter Hall, *Cities in Civilization: Culture, Innovation and the Urban Order* (London: Widenfeld and Nicolson, 1998); Robert Friedel, *A Culture of Improvement: Technology and the Western Millenium* (Cambridge, MA: MIT Press, 2007); Lewis Mumford, *The City in History* (Hardmondsworth: Penguin Press, 1991); T. J. Gorringe, *A Theology of the Built Environment: Justice, Empowerment, Redemption* (Cambridge: Cambridge University Press, 2002), 140.
7. Ed Mazria, *Urban Land*, November/December 2007, 35.
8. Office of the Mayor, City of Seattle, seattle.gov/mayor/climate (February 15, 2008); www.clintonfoundation.org.
9. "Climate Link with Killer Cyclones Spurs Fierce Scientific Debate," Agence France-Presse (AFP), May 6, 2008.
10. 对于自然灾害的适应力, 参见: Mark Pelling, *The Vulnerability of Cities: Natural Disasters and Social Resilience* (London: Earthscan Publications, 2003); Larry Vale and Tom Campanella, *The Resilient City: How Modern Cities Recover from Disaster* (Oxford: Oxford University Press, 2005).
11. Brian Walker, David Salt, and Walter Reid, *Resilience Thinking: Sustaining Ecosystems and People in a Changing World* (Washington, D.C.: Island Press, 2006), 13; T. Wallington, R. Hobbes, and S. Moore, "Implications of Current Thinking for Biodiversity Conservation: A Review of Salient Issues," *Ecology and Society* 10(1):15 (2005).
12. 这个关于可持续发展的概念来自: Peter Newman and Jeffery Kenworthy, *Sustainability and Cities* (Washington, D.C.: Island press, 1999); 在另外一本书中, 我们认为生态系统和生物多样性也应该被看做是城市功能的一部分[参见: Peter Newman and Isabella Jennings, *Cities as Sustainable Ecosystems* (Washington, D.C.: Island Press, 2008); Timothy Beatley and Kristy Manning, *The Ecology of Place* (Washington, D.C.: Island Press, 1997]).
13. 关于城市汽油使用的数据参见: J. Kenworthy, F. Laube, P. Newman, P. Barter, T. Raad, C. Poboon, and B. Guia, *An International Sourcebook of Automobile Dependence in Cities, 1960—1990* (Boulder: University Press of Colorado, 1999);

Peter Newman and Jeff Kenworthy, "Greening Urban Transport," *State of the World 2007: Our Urban Future*, Worldwatch Institute (New York: W.W. Norton, 2007). Reid Ewing, *Growing Cooler: The Evidence on Urban Development and Climate Change* (Washington, D.C.: Urban Land Institute, 2007).

14. M. Simmons in www.ArabianBusiness.com, February 28, 2008.
15. World Health Organizations fact sheet, "Use of the Air Quality Guidelines in Protecting Public Health: A Global Update." 参见：www.who.int/mediacentre/fact-sheet/fs313/en/index.html.
16. Gregory Kats, "Greening America's Schools: Costs and Benefits," A Capital E Report, October, 2006.
17. 参见: Peter Newman and Jeff Kenworthy, *Sustainability and Cities* (Washington, D.C.: Island Press, 1999); Howard Frumkin et al, *Urban Sprawl and Public Health* (Wahington, D.C.: Island Press, 2002).
18. Mayer Hillman, *The Impact of Transport Policy on Children's Development* (London: Policy Studies Institute, 1999); G. C. Gee and D. T. Takeuchi, "Traffic Stress, Vehicular Burden and Well-Being: A Multi-Level Analysis," *Social Science & Medicine* 59(2, 2004):404–414; www.usgbc.org (Green Building Research) accessed February 2008. Surface Transportation Policy Project, "Driven to Spend: The Impact of Sprawl on Household TransportationExpenses," 2005. Barbara Lipman, *A Heavy Load: The Combined Housing and Transportation Burdens of Working Families* (Washington, D.C.: Center for Housing Policy, 2006).
19. On issues of place see Tim Beatley, *Native to Nowhere* (Washington, D.C.: Island Press, 2005) and Peter Newman and Isabella Jennings, *Cities as Sustainable Ecosystems* (Washington, D.C.: Island Press, 2008).
20. Municipal Arts Society, www.mas.org/climatechange, accessed February 2008.
21. Press release, The New Democratic Party (NDP) September 30, 2007. See www.ontariondp.com/hampton-proposes-clean-green-energy-plan.
22. Timothy Beatley, "Envisioning Solar Cities: Urban Futures Powered By Sustainable Energy," *Journal of Urban Technology* 14(2): 31–46 (2006).
23. Michael Shellenberger and Ted Norhaus, "The Death of Environmentalism," 2004 或者www.changethis.com.
24. Jane Jacobs, *Cities and the Wealth of Nations* (Harmondsworth: Penguin Press, 1984).

# 第2章　气候变化和石油峰值危机

1. Larry Copeland and Paul Overberg, "Drivers cut back by 30B miles, 6-month drop biggest since '79–'80 shortages," *USA Today*, June 19, 2008.
2. 1973年石油输出国组织削减了产量并且对在埃及和叙利亚与以色列冲突中支持以色列的国家实施禁运。这些国家包括美国及其西欧盟友及日本。
3. "U.N. Chief Seeks More Climate Change Leadership," *New York Times*, November 17, 2007.
4. 关于Al Gore 当前项目的详细信息，参见www.algore.com，尤其是，气候保护联盟。
5. 完整概要，HM Treasury网址：www.hm-treasury.gov.uk/independent_reviews/stern_review_economics_climate_change/sternreview_summary.cfm.

6. IPCC, *Climate Change 2007, The IPCC Fourth Assessment Report*, IPCC (New York: United Nations, 2007); www.nobelprize.org/nobel_prizes/peace/laureates/2007.
7. Richard E. Benedick, *Ozone Diplomacy* (Cambridge, MA: Harvard University Press, 1991).
8. Kathy S. Law and Andreas Stohl, "Arctic Air Pollution: Origins and Impacts," *Science*, March 16, 2007.
9. Pew Center for Climate Change; United Nations Environment Programme, "Cities and Climate Change." 参见: www.unep.org/urban_environment/issues/climate_change.asp.
10. Jonathan Norman, Heather L. MacLean and Christopher A. Kennedy, "Comparing High and Low Residential Density: Life-Cycle Analysis of Energy Use and Greenhouse Gas Emissions," *Journal of Urban Planning and Development* 132, 1 (March 2006): 10–21; Reid Ewing et al., *Growing Cooler: The Evidence of Urban Development and Climate Change* (Washington, D.C.: Urban Land Institute, 2007).
11. International Panel on Climate Change IPCC, *Climate Change 2007*. (Cambridge: Cambridge University Press, 2007) http://www.ipcc.ch/.
12. Association of the Study of Peak Oil and Gas (ASPO), www.peakoil.net.
13. J. Dowling, "Times Up for Petrol Says GM Chief," *Sydney Morning Herald*, January 15, 2008.
14. "Oil Scarcity Has Snuck Up on Us," ABC News (http://www.abc.net.au/news/stories/2008/01/30/2149569).
15. Russell Gold and Ann Davis, "Oil Officials See Limit Looming on Production," *Wall Street Journal*, November 19, 2007.
16. The Wall Street Journal blog, http://blogs.wsj.com/environmentalcapital/2008/02/07peak-oilers-put-money-where-mouths-are/.
17. George Monbiot, "Bottom of the Barrel—The World Is Running Out of Oil, So Why Do Politicians Refuse to Talk About It?" *The Guardian*, December 2, 2003.
18. Lester Brown, *Plan B* (New York: W.W. Norton, 2008); D. Cohen, Oil Drum, December 28, 2006.
19. Shaun Polczer, "Era of Cheap Energy Is Over," Says Buckee, *Calgry Herald*, May 10, 2007. 参见: www.canada.com/calgaryherald/news/calgarybusiness/story.html?id=e6da17d6-eb3c-4a83-82a0-2858a739eb12&k=99612.
20. Matthew Simmons, 第1届石油消耗国际研讨会, 石油峰值研究协会, 瑞典乌普萨拉大学, May 23, 2002, 可参见: www.peakoil.net.
21. Terry Tamminen, *Lives Per Gallon: The True Cost of Our Oil Addiction* (Washington, D.C.: Island Press, 2006).
22. M. J. Morita, K. Sedley, and J. Stern, *The New Economy of Oil: Impacts on Business, Geopolitics, and Society* (London: Royal Institute of International Affairs, 2001); International Energy Agency, "Resources to Reserves: Oil and Gas Technologies for the Energy Markets of the Future," 2005.
23. Michael Pacheco, "The Future of Ethanol," *Consumer Reports*, October 2006.
24. 数据来自: Andrew McKillop, Sydeney; Worldwatch Institute, Vital Signs 2006—2007 (New York: W.W. Norton, 2006); "World's Cheapest Car Goes on Show." News.bbc.co.uk/2/hi/businessn/718396.stm.
25. 天然气概览, 参见www.naturalgas.org; Productivity Commission, 2005.Review of National Competition Policy Reforms, Inquiry Report, Productivity Commission, Canberra.

26. Brian Fleay, "Natural Gas 'Magic Pudding' or Depleting Resource," ISTP, Murdoch University, 2002; Guy Caruso, "Short Term Natural Gas Outlook," Energy Information Administration, 2003; www.eia.doe.gov/neic/speeches/main2003.html.
27. Elizabeth Kolbert, "Unconventional Crude: Canada's Synthetic-Fuels Boom," *New Yorker*, November 12, 2007.
28. 正如CBC报道的那样,"联邦政府允许Tarsands成为'地球上破坏力最大的工程项目':报道", February 15, 2008, www.cbc.ca/canada/edmonton/story/2008/02/15/tarsands-report.html?ref=rss.
29. R. Miller, "Time to Debunk," *Oil and Gas Journal* (January 12, 2004), 10.
30. Michael Meacher, "Our Only Hope Lies in Forging a New Energy World Order," *Daily Telegraph*, June 26, 2006.
31. 这项法案主要针对四种不同种类的可再生燃料。从2015年开始,谷物乙醇将到达150亿加仑封顶,剩余的增长将主要由纤维质生物燃料所补充。绿色汽车代表大会, www.greencarcongress.com/2007/12/house-sends-ene.html.
32. Christopher Maag, "Ethanol's Issue: Getting Acquainted with Drivers," *New York Times*, December 15, 2007.
33. "The Ethanol Myth," *Consumer Reports*, October 2006, 19.
34. Worldwatch, "Biofuels for Transport," Wordwatch Paper, June 2006; Lester Brown, *Plan B*; Edith M. Lederer, "UN Says Soaring Prices Leave Poor Hungry," The Associated Press, February 13, 2008.
35. Juliet Eilperin , "Studies Say Clearing Land for Biofuels Will Aid Warming, " *Washington Post*, February 8, 2008, A05; James Randerson, "Food crisis will take hold before climate change, warns chief scientist, " *Guardian*, March 7, 2008, 参见: www.guardian.co.uk/science/2008/mar/07/scienceofclimatechange.food.

# 第3章 未来城市的四种发展方向

1. Alan E. Pisarksi, and Niels De Terra, "American and European Transportation Responses to the 1973–74 Oil Embargo," *Transportation* 4 (1975):291–312; Elsevier, 308.
2. Clifford Kraus, "Gas Prices Send Surge of Riders to Mass Transit," *New York Times*, May 10, 2008.
3. Alan E. Pisarski and Niels De Terra, Ibid., 311–312.
4. Jared Diamond, *Collapse: How Societies Choose to Fail or Succeed* (New York: Viking Books, 2005).
5. Jared Diamond, *Collapse: How Societies Choose to Fail or Succeed* (New York: Viking Books, 2005), 3.
6. Michael E. Smith, "Ancient Cities: Do They Hold Lessons for the Modern World?" Paper for the symposium, "The Relevance of American Archaeology: Intellectual and Practice-Based Contributions of Jeremy A. Sabloff," 73rd Annual Meeting of the Society for American Archaeology, Vancouver, British Columbia, March 26–30, 2008.
7. Jeff Goodell, "The Prophet of Climate Change: James Lovelock," *Rolling Stone*, www.rollingstone.com, November 1, 2007.
8. Lewis Mumford, *The City in History* (Harmondsworth: Penguin, 1961); Tim Beatley, *Planning for Coastal Resilience* (Charleston, SC: Coastal Services Center, unpublished).

9. J. Bronowski, *The Ascent of Man: A Personal View* (London: BBC Books, 1974); Paul Ehrlich and Ann Ehrlich, *Population, Resource, Environment* (San Francisco: Freeman, 1977); Ted Trainer, *Abandon Affluence* (London: Zed Books, 1985); Ted Trainer, (The Conserver Society): *Alternatives for Sustainability* (London: Zed Books, 1995); 以及William Mollison, *Permaculture: A Designer's Manual* (Sydney: Tagari, 1988).
10. Les B. Magoon, "Are We Running Out of Oil?" U.S.Geological Survey, November 2000. 参见www.oilcrisis.com/magoon.
11. D. Lankshear and N. Cameron, "Peak Oil: A Christian Response," *Zadok Perspectives* 88 (2005):9–11, 10.
12. Adam Fenderson, "Peak Oil and Permaculture," *Energy Bulletin*, June 6, 2004, 参见www.energybulletin.net.
13. Michael Rose, director of the energy trading desk at Angus Jackson in Fort Lauderdale, Florida, as quoted in Clifford Krauss, "Supply Fears Push Oil to Triple Digits," *New York Times*, February 20, 2008.
14. Christopher B. Leinberger, "The Next Slum?" *Atlantic Monthly*, March 2008.
15. 正如Michael Specter 在"Big Foot"中所报道, *New Yoker* February 25, 2008.
16. Jane Jacobs, *The Economy of Cities* (New York: Random House, 1969); Jane Jacobs, *Cities and the Wealth of Nations* (Harmondsworth: Penguin, 1984).
17. Peter Hall, *Cities of Tomorrow: An Intellectual History of Urban Planning and Design in the Twentieth Century* (Hoboken, NJ: John Wiley and Sons, 2002); Lewis Mumford, *The City in History* (Harmondsworth: Penguin, 1961); Jacques Ellul, *The Meaning of the City* (Grand Rapids, MI: Eerdmans, 1970).
18. Jared Diamond, *Guns, Germs and Steel: The Fates of Human Societies* (New York: W.W. Norton, 1999).
19. 这个术语是由深层生物学者创造出来的，他们把渔猎采集型的社会看做是我们城市学习的榜样，想让我们的城市更加自然化。但是，这其实根本不能算是政策方针，更像是野外生活的管理模式。
20. T. Trainer, *The Conserver Society*; F. Gunther, "Fossil Energy and Food Security," *Energy and Environment* 12, 4 (2001): 253–275; D. Holmgren, *Permaculture: Principles and Pathways beyond Sustainability*, Holmgren Design Services, 2002; D. Holmgren, "Retrofitting the Suburbs for Sustainability," Energy Bulletin, March 30, 2005, www.energybulletin.net.
21. Holmgren, "Retrofitting the Suburbs."
22. Mark Roseland, *Towards Sustainable Communities: Resources for Citizens and Their Governments* (Vancouver, BC: New Society Press, 2005)以及Peter Newman and Jeff Kenworthy (1999).
23. Tim Flannery, *The Future Eaters* (New York: Grove Books, 1995).
24. 这些人有时候被称为"无政府原始主义者"，他们的主要观点是"野化"，也就是建议我们回到类似采集渔猎的生活方式，参见：www.en.wikipdclia.org/wiki/Anarcho-primitivism.
25. 参见Peter Newman and Isabella Jennings, *Cities as Sustainable Ecosystems* (Wahsington D.C.: Island Press, 2008).
26. 城市农业的相关内容参见《2007世界现状报告 (State of the World 2007)》中Darren Halweil 和 Danielle Nierenberg所著"Farming the Cities" (New York: W.W.Norton, 2007).
27. Peter Newman and Isabella Jennings, *Cities as Sustainable Ecosystems* (Washington, D.C.: Island Press, 2008); Timothy Beatley, *Native to Nowhere* (Washington, D.C.: Island Press, 2004).
28. Richard Heinberg, *The Oil Depletion Protocol: A Plan to Avert Oil Wars, Terrorism and Economic Collapse* (Vancouver, BC: New Society Press, 2006).

29. 正如Nolan Finley, "Urban Farming May Well Hold the Key to the Future of Detroit," *Detroit News*, March 13, 2005所报道。
30. Goodell, "The Prophet of Climate Change."
31. Jo Beall, Owen Crankshaw, and Susan Parnell, *Uniting a Divided City: Governance and Social Exclusion in Johannesburg* (London and Sterling: Earthscan, 2002).
32. 全球绿色组织的Walker Wells收集了很多关于美国绿色住宅的故事,参见: Global Green, *Blueprint for Greening Affordable Housing* (Washington, D.C.: Island Press, 2007).
33. Harvey Cox, *The Secular City: Secularization and Urbanization in Theological Perspective* (New York: Collier Books, 1990); David Harvey, *Social Justice and the City* (London: Edward Arnold, 1973); Bell, Crankshaw and Parnell, 2002, op cit.
34. Barbara Lipman, *A Heavy Load*; Wells, *Blueprint for Greening Affordable Housing*.
35. 交通导向发展中心和街区技术中心, "The Affordability Index: A New Tool for Measuring the True Affordability of a Housing Choice,"由Brookings学会都市政策计划发布, January 2006; 美国劳动部, 劳动统计局, 消费者支出调查, 2006.
36. Peter Newman, "Lessons from Liverpool," *Planning and Administration* 1 (1986): 32–42.
37. Karlson Charlie Hargroves and Michael Harrison Smith, *The Natural Advantage of Nations* (London: Earthscan Publications, 2005).

# 第4章 弹性城市的美好愿景

1. Jan Scheurer, *Car Free Housing*, PhD Thesis ISTP, Murdoch University, www.sustainability.murdoch.edu.au; Jan Scheurer and Peter Newman, "Vauban: Integrating the Green and Brown Agenda," UN Global Review of Human Settlements, 2008, www.unep.org.
2. Isabelle de Pommereau, "New German Community Models Car-Free Living," *Christian Science Monitor*, December 20, 2006.
3. Environmental News Service, "Global Wind Map Shows Best Wind Farm Locations," May 17, 2005, see www.ens-newswire.com.
4. Alexis Madrigal, "DOE Report: Wind Could Power 20 Percent of US Grid by 2030," *Wired*, May 12, 2008; 整篇报道请参照: www.20percentwind.org.
5. Andrew Revkin, "Car-Free, Solar City in Gulf Could Set a New Standard for Green Design," *New York Times*, February 5, 2008.
6. Renewable Energy Information on Markets, Policy, Investment and Future Pathways by Eric Martinot, www.martinot.info/solarcities/daegu.htm (page last updated December 10, 2004).
7. Greenerbuildings.com, "Seattle, Los Angeles Announce Green Building Plans," *GreenerBuilding News*, February 28, 2008.
8. Cecilia M. Vega, "S.F. Moves to Greenest Building Codes in the U.S.," *San Francisco Chronicle*, March 20, 2008.
9. 参见: www.greenhouse.gov.au/solarcities/index.html.
10. Evelyn Schlatter, "Welcome to Smart Grid City, Colorado," *High Country News*, May 9, 2008.

11. 参见: www.dpi.wa.gov.au/livingsmart.
12. 参见: moscone.com/community/sustain.html.
13. Daniel Lerch, *Post Carbon Cities: Planning for Energy and Climate Uncertainty*, (Portland, OR: Post Carbon Institute, 2007).
14. David Biello, "Green Buildings May Be Cheapest Way to Slow Global Warming," *Scientific American*, March 17, 2008, 参见: www.sciam.com.
15. Elizabeth Farrelly, "Attack of Common Sense Hits Planners," *Sydney Morning Herald*, April 26, 2005.
16. PowerLight press发布, "Largest Zero Energy Home Community in Sactamento Region Opens," February 28, 2006, www.renewableenergyworld.com/rea/partner/story?id=44213.
17. 参见: www.melbourne.vic.gov.au.
18. 参见: www.multiplex.com.au.
19. 参见: www.beltline.org; www.milliontrees.org; www.homedepotfoundation.org/suport_trees.html.
20. 整个国家实现碳中性是有可能的, 而且成本不超过大多数国家; 参见: Newman, Carbon Neutral submission to Garnaut Inquiry, 2008, www.garnautreview.org.au.
21. B. Williams, "Hopetoun Infrastructure Study," Perth: Landcorp, WA Government, 2008.
22. Andrea Sarzynski, Marilyn A. Brown, Frank Southworth, "Shrinking the Carbon Footprint of Metropolitan America," Brookings Institution, May 29, 2008.
23. City of Malmö, *Sustainable City of Tomorrow: Bo01-Experiences of a Swedish Housing Exposition* (Stockholm: Swedish Research Council for Environment, Agricultural Sciences and Spatial Planning, 2005).
24. Tim Beatley, *Native to Nowhere: Sustaining Home and Community in a Global Age* (Washington, D.C.: Island Press, 2005).
25. Mark Benedict and Ed MacMahon, *Green Infrastructure: Linking Landscapes and Communities* (Washington, D.C.: Island Press, 2006).
26. For blue green algae, 参见: www.castoroil.in/reference/plant_oils/uses/fuel/sources/algae/biodiesel_algae.html; Bill McDonough, personal communication.
27. Josep Puig, "Energy Efficient Cities: Political Will, Capacity Building and Peoples' Participation. The Barcelona Solar Ordinance: A Case Study About How the Impossible Became Reality," in Peter Droege, ed., *Urban Energy Transition* (Amsterdam: Elsevier Publishers, 2008).
28. Thomas Starrs, "The SUV in Our Pantry," *Solar Today*, July/August 2005.
29. Marcia Caton Campbell, 威斯康星 - 麦迪逊大学城市与区域规划系助理教授, 特洛伊城花园的朋友, www.troygardens.org; 麦迪逊地区土地信用www.affordablehome.org.
30. 参见: 圣弗兰西斯科食品联盟, "San Francisco Collaborative Food System Assessment"San Francisco, 2005; 波特兰州立大学, "The Diggable City: Marking Urban Agriculture a Planning priority," Portland, Oregon, 2004.
31. Peter Newman and Jeff Kenworthy, 1999, 同前; Herbert Girardet, *The Gaia Atlas of Cities: New Directions for Sustainable Urban Living* (London: Gaia Books, 1992); Newman and Jennings, 2008, 同前。
32. Paul Hawken, Amory Lovins, and Hunter Lovins, *Natural Capitalism: The Next Industrial Revolution* (London: Earthscan Publications, 1999).
33. 参见: Newman and Jennings, 2008.
34. "克林顿气候倡议"的最佳做法, www.c40cities.org/bestpractices/waste/toronto_organic.jsp.

35. Michael Shuman, *The Small-Mart Revolution: How Local Businesses Are Beating the Global Competition* (San Francisco: Berrett-Koehler Publishers, 2006); Ernesto Sirolli, *Ripples from the Zambezi: Passion, Entrepreneurship, and the Rebirth of Local Economies* (Vancouver, BC: New Society Publishers, 1999); www.sirolli.com.
36. Isabelle de Pommereau, "New German Community Models Car-Free Living," *Christian Science Monitor*, December 23, 2006.
37. Jan Scheurer and Peter Newman "Vauban: Integration of the Green and Brown Agendas," UN Global Review of Human Settlements, 2008.
38. T. Beatley and K. Manning, 1997, 同前; T. Beatley, *Native to Nowhere*; P. Newman and I. Jennings, 2008, 同前。
39. Reid Ewing et al., *Growing Cooler: The Evidence on Urban Development and Climate Change* (Washington, D.C.: Urban Land Institute, 2007).
40. Robert Putnam, *Making Democracy Work: Civic Traditions of Modern Italy* (Princeton, NJ: Princeton Architectural Press, 1993).

# 第5章 弹性城市的希望

1. Claire Ferris-Lay, "Oil could reach $300 a barrel, says expert," www.arabianbusiness.com, February 28, 2008.
2. Peter Newman and Jeff Kenworthy, *Sustainability and Cities*, 同前.3. U.S. EPA 2000, 正如"Global Climate Change and transportation Infrastructure: Lessons from the New York Area"所报道的, 作者: Rae Zimmerman (发表于: Baked Apple conference, 1996); U.S. Department of Transportation, Bureau of Transportation Statistics, www.bts.gov/publications/transportation_statistics_annual_report/2006/html.
3. Jane Jacobs, *Cities and the Wealth of Nations* (Harmondsworth: Penguin Press, 1984); L. Sandercock, *Cosmopolis II Mongrel Cities in the 21st Century* (London and New York: Continuum, 2003).
4. Brad Allenby and Jonathan Fink, "Toward Inherently Secure and Resilient Societies," *Science*, 309. no. 5737 (August 12, 2005): 1034–1036.
5. Peter Newman and Jeff Kenworthy, "Greening Urban Transportation," in *State of the World 2007*, WorldWatch,(New York: W.W. Norton, 2007); J.R. Kenworthy, and F.B. Laube, *An International Sourcebook of Automobile Dependence in Cities, 1960–1990* (Boulder: University Press of Colorado, 1999).
6. C. Marchetti, "Anthropological Invariants in Travel Behaviours," *Technical Forecasting and Social Change* 47 (1, 1994): 75-78; SACTRA, "Trunk Roads and the Generation of Traffic,"英国伦敦交通部December 1994.
7. 参见: Klauss C. Hass, "Bus or Light Rail: Making the Right Choice," *Environmental and Transport Planning*, 2e (Brighton, UK, 2004).
8. J. Michaelson, "Lessons from Paris," Making Places, June 2005, www.pps.org.
9. Peter Newman and Jeff Kenworthy 2007 in WorldWatch, 前面引用的书。
10. Arthur Lubow, "The Rode to Curitiba," *New York Times Magazine*, May 20, 2007, 参见: www.nytimes.com/2007/05/20magazine/20Curitiba-t.html?pagewanted=1.
11. L. Fulton and L. Schipper, "Bus Systems for the Future," International Mayors Forum, Paris, IEA, OECD, 2002.
12. 在美国, 由于1991年通过了高效水陆协调联运法案, 大都市规划组织者可以选择将修建高速路的资金转给公交导向发展的项目。其新版本是安全、负责、灵活、高效的公共交通法案:用户的遗产于2005年获得通过。
13. P.A. Barter, J.R. Kenworthy, and F. Laube, "Lessons from Asia on Sustainable Urban Transport," in N. Low and B. Gleeson (eds.), *Making Urban Transport Sustainable* (Basingstoke UK: Palgrave-Macmillan, 2003).
14. Peter Newman and Jeff Kenworthy, "Urban Design to Reduce Automobile Dependence in Centers," *Opolis* 2 (1, 2006): 35-52.
15. Robert Cervero, "Transit Oriented Development in America: Experiences, Challenges and Prospects," Transportation Research Board, National Research Council, Washington DC; John Renne and J.S. Wells, "Transit Oriented Development: Developing a Strategy to Measure Success," TRB Research Results Digest, 294, Transportation Research Board, Washington D.C.; http://www.patrec.org/conferences/TODJuly2005/papers/.
16. Peter Calthorpe, *The Next American Metropolis Ecology, Community and the American Dream* (Princeton, NJ: Princeton University Press, 1993).
17. Ryan Falconer, "Living on the Edge," PhD Thesis, ISTP, Murdoch University, 2008.
18. Clifford Kraus, "Gas Prices Send Surge of Riders to Mass Transit," *New York Times*, May 10, 2008.
19. Denver Regional Council of Governments, DRCOG, 2004, Metro Vision Plan, Denver; www.greenprintdenver.org.
20. Peter Newman, "Transport Greenhouse Gases and Australian Suburbs" *Australian Planner* 43 (2, 2006): 6–7.
21. Jan Gehl, et al., *New City Life* (Copenhagen: The Danish Architectural Press, 2006).
22. Nancy Keats, "Building a Better Bike Lane," *Wall Street Journal*, May 4, 2007.
23. 参见: www.vancouver-ecodensity.ca/.
24. Vukan Vuchic, *Urban Transit: Planning, Operations and Economics* (New York: John Wiley and Sons, 2005).
25. 参见: Newman and Kenworthy, 1999.Peter Newman and Jeff Kenworthy. *Sustainability and Cities: Overcoming Automobile Dependence* (Washington, D.C.: Island Press, 1999).
26. Newman and Kenworthy, "The Transport Energy Trade-off: Fuel Efficient Traffic vs Fuel Efficient Cities," *Transportation Research Record*, 22A(3, 1998): 163–74.
27. 水陆交通运输策略规划, 1998。它是一份关于在大都市区域高速公路扩张与交通堵塞之间联系的分析。
28. S. Kearns, "Congestion Chargig Trials in London," European Transport Conference, Strasbourg, September 2006.
29. J. Eliasson and M. Beser, "The Stockholm congestion charging system," European Transport Conference, Strasbourg, September 2006.
30. Jan Gehl, *New City Life* (Copenhagen: Danish Architectural Press, 2006).
31. R. Gordon, "Boulevard of Dreams," September 8, 2005, www.sfgate.com.
32. David Burwell, "Way to Go: Three Simple Rules to Make Transportation a Positive Force in the Public Realm," *Making Places Bulletin*, June 2005.
33. Melissa Mean and Charlie Tims, *People Make Places: Growing the Public Life of Cities* (London: Demos, 2005); Andy Wiley Schwartz, "A Revolutionary Change in Transportation Planning: The Slow Road Movement," *New York Times*, July 10, 2006; Completestreets.org.
34. Jeremy Leggett, 2006, *Half Gone: Oil, Gas, Hot Air and the Global Energy Crisis* (London: Portobello Books, 2006).

35. USEPA, 2006; Laird et al., 2001.
36. Amory Lovins and D.R. Cramer, "Hypercars, Hydrogen, and the Automotive Transition," International Journal of Vehicle Design 35 (1/2, 2004): 50-85, 参见: www.rmi.org/.
37. USEPA, "Light Duty Automotive Technology and Fuel Economy Trends 1975–2006 (Ann Arbor, MI, 2006).
38. 参见: blog entry, June 22, 2007, "Rollerblading to a PHEV Future" www.energysmart.wordpress.com/2007/06/22/rollerblading-to-a-phev-future/.
39. Michael Kinter-Meyer, Kevin Schneider, and Robert Pratt, "Impacts Assessment of Plug-In Hybrid Vehicles on Electric Utilities and Regional U.S. Power Grids, Part 1: Technical Analysis," 太平洋西北国家实验室, 美国能源部DE-AC05-76RL01830.
40. Robert E. Lang and Dawn Dhavale, "America's Megapolitan Areas," *LandLines*, newsletter of the Lincoln Institute of Land Policy, July 2005; William Lucy and David Phillips, *Tomorrow's Cities, Tomorrow's Suburbs* (Chicago: Planners Press, 2007).
41. 参见: America 2050. org and Neal Pierce's newsletter at citistates.com.
42. Department of Transport, personal communication; 参见: Peter Newman, "Railways and Reurbanisation in Perth," in J.Williams and R. Stimson, eds., *Case Studies in Planning Success* (Amsterdam, Elsevier, 2001) and www.newmetrorail.wa.gov.au; D. Recondo, "Local Participatory Democracy in Latin America," Arusha Conference, December 2005; "Public Opinion and Transportation Priorities in SE Wisconsin," Policy Forum, 2006; Oregon, InterACT, Findingss of the Transportation Priorities Project, 2003.

# 第6章　结语

1. 气候变化和能源工作组报告, 布里斯班市, 2007, www.brisbane.qld.gov.au/BCCWR/plans_and_strategies/documents/.
2. Richard Gilbert and Anthony Perl, *Transport Revolutions: Moving People and Freight without Oil* (London: Earthscan, 2008).
3. 参见: www.C40cities.org.
4. Daniel Lerch, *Post Carbon Cities: Planning for Energy and Climate Uncertainty* (Portland, OR: Post Carbon Cities, 2007), postcarboncities.net/guidebook.
5. Andrea Sarzynski, Marilyn A. Brown, Frank Southworth, "Shrinking the Carbon Footprint of Metropolitan America," Brookings Institution, May 29, 2008.
6. Sally Paulin, *Community Voices: Creating Sustainable Spaces* (Perth: University of Western Australia Press, 2006) and www.21stcenturydialogue.com and the Tools for Community Planning series by Earthscan; Perth processes set out in J. Hartz-Karp and Peter Newman, "The Participative Route to Sustainability" in S. Paulin, ed. *Community Voices: Creating Sustainable Places* (Perth: University of Western Australia Press, 2006).
7. 关于政策学习请参见: S. Owens, T. Raynor, and O. Bina, "New Agendas for Appraisal: Reflections on Theory, Practice, and Research," *Environment and Planning* A 36 (11, 2004): 1943-1959; and J. Pretty, "Participatory Learning for Sustainable Agriculture," *World Development* 23 (8, 1995): 1247-1263; 关于frame reflection请参见: Donald Schon and Martin Rein, *Frame Reflection: Toward the Resoultion of Intractable Controversies* (Lanham, MD; Lexington Books, 1995);

George Lakoff, *Don't Think of an Elephant: Know your Values and Frame the Debate* (White River Junction, VT: Chelsea Green Publishers, 2004).
8. Bradbury and Raynor 2002, 同前; 关于新工程的实例请参见.: Beatley with Newman, *Green Urbanism Down Under* (Washington, D.C.: Island Press, 2008).
9. 这种方法已经被深入研究过, 参见: Bent FLyvbjerg "Making Sociology Matter: Phronetic Sociolgy as Public Sociology,"in Michael Hviid Jacobsen, *Public Sociology* (Aalborg, Denmark: Aalborg University Press, 2008), 77-117; Steven Sampson, translator *Making social Science Matter: Why Social Inquiry Fails and How It Can Succeed Again* (Cambridge: Cambridge University Press, 2007).
10. Jan Gehl et al., *New City Life* (Copenhagen: Danish Architectural Press, 2006).
11. www.uli.org/AM/template.cfm?Section=News&CONTENTID=107907&TEMPLATE=/CM/ContentDisplay.cfm.
12. Center for Transit Oriented Development and Reconnecting America, "Hidden in Plain Sight: Capturing the Demand for Housing Near Transit," 2004 (http://www.reconnectingamerica.org/html/TOD/).
13. 参见: www.gehlarchitects.dk/.
14. Ransce Salan, "Kogarah Town Square—A Sustainable Development," ESD Strategist http://www.wsud.org/downloads/.
15. Cali Gorowitz, "TODs and Affordable Housing" report to Western Australian Government, PATREC, 2008, http://patrec.org/index.html; Hank Dittmar and Gloria Ohland, eds., *The New Transit Town* (Washington D.C.: Island Press, 2004).
16. Blake Dawson, "The New World of Value Transfer PPs," *Infrastructure, Policy, Finance and Investment*, May 2008.
17. William Lucy and David Phillips, *Tomorrow's Cities, Tomorrow's Suburbs* (Chicago: Planners Press, 2006); America 2050.org.
18. Todd Litman, "Understanding Smart Growth Savings: What We Know About Public Infrastructure and Service Cost Savings and How They Are Misrepresented by Critics," Victoria Transport Policy Institute, 2004.
19. R. Trubke, Peter Newman, and Jan Scheurer, "Assessing the Cost of Alernative Urban Development Paths in Australian Cities, " PB-CUSP discussion paper, 西澳大利亚弗里曼特尔科廷大学。
20. Robert Burchell, Anthony Downs, Sahan Mukherji, Barbara McCann, *Sprawl Costs* (Washington, D.C.: Island Press, 2005) .参见: Newman and Kenworthy, 1999.
21. 数据参见: Peter Newman and Jeff Kenworthy, Sustainability and Cities (Washington, D, C.: Island Press, 1999).
22. The Free Congress Foundation, Conservatives for Mass Transit, Washington D.C., 2003.
23. Kintner Meyer et al, 2007, 同前。
24. Peter Newman and Isabella Jennings, *Cities as Sustainable Ecosystems* (Washington, DC: Island Press, 2008).
25. P. Newman, R. Armstrong, and N. McGrath, Pilbara Regional Sustainability Strategy, ISTP, Murdoch University, 2005.
26. Peter Newman, "The City and the Bush: Partnerships to Reverse Population Decline in Australia's Wheatbelt," *Australian Journal of Agricultural Research*, 56 (2005): 527–53.
27. Brian Fleay, *The Decline of the Age of Oil* (Sydney: Pluto Press, 1995); F. Gunther, "Fossil Energy and Food Security," *Energy and Environment* 12 (4, 2001): 253–275.

28. Erik Stanton Hicks, 2003, The Oil Mallee Project, Case Study for State Sustainability Strategy, www.sustainability.dpc.wa.gov.au; www.oilmallee.com.
29. WorldWatch, "Biofuels for Transport," WorldWatch Paper, June 2006.
30. 参见: www.dpi.wa.gov.au/livingsmart.
31. Patricia Leigh Brown, "For 'EcoMoms,' Saving Earth Begins at Home," *New York Times*, February 16, 2008.
32. 参见: www.getup.org.au.
33. Jerry Yudelson, *The Green Building Revolution* (Washington, D.C.: Island Press, 2008); 参见: www.northportquay.com.au.
34. 波特兰的总体发展规划就是应用的这种所需的程序。
35. James Howard Kunstler, *The Long Emergency* (New York: Grove Press, 2006).
36. 参见: www.greeninstitute.org.
37. T. Bender, "Building Community Sustainability," Bank of Astoria, undated.
38. 参见: www.ams.usda.gov.
39. 参见: www.greenedge.org.
40. Ross Gelbspan, "The Climate Crisis and Carbon Trading, *Foreign Policy in Focus*, vol. 5, no. 30, 2000.
41. Mark Bachels, Jeff Kenworthy, Phillip Laird, and Peter Newman, *Back on Track: Rethinking Australian and New Zealand Transport* (Sydney: University of New South Wales Press, , 2001).
42. 参见: www.metro-region.org/.
43. Michael Specter, Profiles "Branson's Luck" *New Yorker* May 14 2007 114; 关于总体的航空业的可持续发展, 请参见: Richard Gilbert and Anthony Perl, *Transport Revolutions: Moving People and Freight without Oil* (London: Earthscan, 2008); 关于海洋运输业, 请参见: Peter Hall, *Cities in Civilization* (Ukiah, CA: Orion Publishing, 2006); 关于飞艇, 请参见: www.21stcenturyairships.com/.

# 作译者简介

彼得·纽曼（Peter Newman）先生是澳大利亚科廷大学的教授，主要研究方向为城市可持续发展和城市交通，同时他还是新加坡国立大学设计与环境学院的客座教授。最近纽曼先生又被委任为政府间气候变化专门委员会评估报告（Report of IPCC）交通运输方面的首席作者。他目前也是澳大利亚基础设施委员会的成员，该委员会为澳大利亚城市长期可持续发展的基础设施建设提供资金支持。2001年3月，彼得先生参与并指导了首相内阁（Department of the Premier and Cabinet）的西澳大利亚可持续发展战略规划（Western Australia's Sustainability Strategy）。2004年5月，他被委任为悉尼市可持续发展专员（Sustainability Commissioner in Sydney），指导该市的规划工作。2006到2007年，他作为福布莱特高级学者（Fulbright Senior Scholar）在夏洛茨维尔的弗吉尼亚大学（University of Virginia in Charlottesville）交流访问。在澳大利亚珀斯市，他以保护、重建并扩建城市轨道交通系统而闻名。纽曼先生首创了"汽车依赖性（automobile dependence）："这个专业术语，现在这个术语在规划实践与研究过程中已经被广泛应用。早在30年前第一次石油危机的时候，当时还在斯坦福大学的他就警告世人要提前为石油峰值做好准备。

蒂莫西·比特利（Timothy Beatley）教授1986年在北卡罗来纳大学（University of North Carolina）获得了城市与区域规划学的博士学位（PhD in City and Regional Planning）。他目前在弗吉尼亚大学建筑学院城市与环境规划系（Department of Urban and Environmental Planning, School of Architecture at the University of Virginia）任教，是可持续发展社区方面的"特瑞萨·海因茨荣誉教授（Teresa Heinz Professor of Sustainable

Communities)"。在可持续发展的城市研究领域，比特利教授是国际公认的著名学者，他的著作主要致力于为城市提供创新性的策略以减少城市发展过程的生态足迹，使城市更加适宜居住。目前，他的主要教学和研究兴趣是环境规划政策、对沿海地区和灾害频繁地区的规划，以及环境价值观和道德观，并特别强调生物多样性保护。从 20 世纪 80 年代以来，他一直是关于沿海地区减灾，飓风恢复，栖息地和生态系统保护，环境道德，可持续发展等城市规划学科领域的领军人物。

希瑟·博耶（Heather Boyer）是 Island 出版社的高级编辑，2005 年，曾以勒伯研究员的身份在哈佛设计研究生院（Harvard Graduates School of Design）进修。

王量量，2006 年 7 月毕业于天津大学，获得建筑学硕士学位，2006 年 8 月至今于厦门大学建筑与土木工程学院任助理教授；现于新加坡国立大学攻读博士学位，从事滨海城市的可持续发展研究。

韩洁，2006 年 7 月毕业于天津大学，获得建筑学硕士学位，2006 年 8 月至今于厦门大学建筑与土木工程学院任助理教授；现于新加坡国立大学攻读博士学位，从事城市历史街区的可持续发展与保护研究。